内閣官房長官

大下英治

はじめに

中国の湖北省武漢市で発生した新型コロナウイルスの感染者は、中国だけでなく、日本や韓国、イタリアなどのヨーロッパ各国、イランなどの中東アジアなどを中心に一二五以上の国や地域に急拡大し、各国をパニックに陥れている。

令和二年（二〇二〇年）三月一五日時点の日本経済新聞の集計によれば、世界全体の感染者数は一五万人を超え、死亡者数は五五〇〇人を上回る。日本国内の感染者数は、クルーズ船「ダイヤモンド・プリンセス号」の感染者を除くと七六三人、死者は二一人で、感染者は連日増加している。

二月二七日夕、安倍晋三《あべしんぞう》総理は、新型コロナウイルス感染症対策本部の会合で、感染拡大を防ぐために全国の小中高校に三月二日から春休みまでの臨時休校を要請。さらに二月二九日には、総理自ら記者会見し、感染拡大の防止に向けて危機感を訴えた。

二月二六日に安倍総理が呼びかけた二週間ほどの大規模イベントの自粛も、三月一〇日にはさらに一〇日間ほど継続するように、と要請をしている。

三月一一日には、WHO（世界保健機関）のテドロス事務局長が「パンデミック（爆発感染）と表現できるとの判断に至った」と語るなど、世界的な大流行となり、早期の終息が見通せなくなってきている。

新型コロナウイルスの蔓延《まんえん》は、経済にも甚大な被害を与えている。

三月一二日のニューヨーク株式市場は、新型コロナウイルスの感染拡大が世界経済に深刻な影響を与えるという見方から株価が急落した。ダウ平均株価は、下落幅が二三五二ドルと、過去最大の値下がりを記録した。下落幅は、過去最大で、下落率はおよそ一〇%。

米国メディアは、この事態を「一九八七年一〇月の株価暴落、いわゆる『ブラックマンデー』時の二二%以来の下落率となった」と伝えた。

三月一三日午前の東京株式市場も、日経平均株価は大幅続落し、前日比一四七八円四九銭（七・九七%）の一万七〇八一円一四銭で前場を終えた。一時は、一万七〇〇〇円を割り、約三年四カ月ぶりの安値を記録した。

さらに、新型コロナウイルスの感染拡大による業績悪化を理由に、非正規労働者に対して解雇や雇い止めをする動きも出てきている。

米国は国家非常事態を三月一三日に宣言し、欧州からの入国を禁止した。

日本でも、選抜高等学校野球大会の中止や、プロ野球の開幕延期などが続々と決定。社会に与える影響は凄《すさ》まじく、今夏に控える東京オリンピック・パラリンピックについても中止や延期を検討する声が上がり始めている。

新型コロナウイルス感染症への対応をめぐり、日本政府の危機管理能力が問われるなかで、これまで政権の危機を自らの手腕で乗り越えてきた菅義偉《すがよしひで》内閣官房長官に対しても、注目が集まっている。

「参謀型」官房長官の系譜

元財務事務次官で小泉政権において事務の総理秘書官を務め、第二次安倍政権でも内閣官房参与を務めた丹呉泰健《たんごやすたけ》（現・日本たばこ産業会長）によると、第二次安倍政権の中心的な存在は、官房長官の菅義偉だという。

平成二四年（二〇一二年）九月におこなわれた自民党総裁選に、安倍が出馬したきっかけをつくったのは菅である。その信頼感からもあって、安倍総理と菅官房長官の関係は、小泉政権の総理秘書官であり、第二次安倍内閣で内閣官房参与を務めている飯島勲《いいじまいさお》にして「戦後最高の総理大臣と官房長官」というほどの信頼性で結びついている。

小泉政権時代には、福田康夫《ふくだやすお》、細田博之《ほそだひろゆき》、さらに、安倍晋三が官房長官を務めたが、このときにはあくまでも官房長官は女房役であった。それに対して、安倍総理と菅官房長官はどうかというと、明確に役割分担している。

安倍総理は自身の目指したい政策に邁進《まいしん》する。安保法制をはじめとした安全保障にしても、外交にしても、アベノミクスにしても、安倍総理は思い切った政策を打ち出し実行してきた。当然のことながら、政界でも官界でも、波風が立つ。その際、自民党内や霞が関官僚への睨《にら》みを効かせているのが、菅である。

第一次政権の苦い経験をもつ安倍総理の危機に対する意識の高さでもあるが、政権を脅かしかねない案件が浮上しても、見事なまでに、炎が広がる前に先手を打ち、初期消火で済ませているのは、菅の力が大きい。菅の巧みさは、波風が立ったところをうまい具合にバランスをとりつつ舵取りをしているところだ。しかも、菅は、総理大臣と官房長官という関係性を越えようとはしない。

第一次安倍政権がわずか一年であっけなく崩れたが、第二次安倍政権は、任期満了まで続くならば、なんと九年近くにも及ぶ長期政権となる。

同じ安倍晋三が総理でありながら、何が異なっているのか。

私は、官邸の要である官房長官に菅義偉を据えたことに加え、党の要に二階俊博《にかいとしひろ》幹事長を据えていることに尽きる、と思っている。政界で喧嘩のできる人物を選べと言われれば、この二人と見る。二人に共通なのは、実は二人とも武闘派と呼ばれる田中派、竹下派の流れを汲《く》んでいるからだ。

二階幹事長は、田中角栄《たなかかくえい》の応援のもと、初出馬で初当選を飾っている。「田中軍団」を率いていた田中角栄から直接の薫陶を得ている。

一方、菅も竹下派の流れを汲む小渕派（平成研究会）からスタートしている。その小渕派の中でももっとも武闘派として有名であった梶山静六《かじやませいろく》を師と仰いでいた。

二階幹事長は「官房長官に伝えれば、必ず総理に伝わるし、総理に伝えておけば、全部官房長官に伝わる」と言う。

「なによりこれが安倍政権の強みです。ここにちょっと隙間があるとか、人によっては付け足す人もいたり、差し引きする人もいる。官房長官はその点はまったく信頼できる。総理も信頼しておられる。総理と官房長官の間に、ほとんど違いがないことが、今日《こんにち》の安倍政権、自民党政権の安定のもとです。だからこそ、われわれも安心していられます」

安倍総理は、第二次政権発足以来、積極的に外遊に出て、首脳外交を続けている。これも、菅官房長官と二階幹事長の二人がどっしりと座って守ってくれていてくれるからと言えよう。

しかも、この二人は、戦い上手というだけでなく、総理を徹底的に身を砕いて支え続ける。

この二階と菅が、もしぶつかれば、安倍政権の安定も吹っ飛んでしまう。しかし、喧嘩のできる二人は、誰よりも相手を知っている。時に二人は「睨み合っているのではないか」と見る向きがあるが、どっこい、二人は定期的に会い、心を通じ合っている。

菅官房長官は、官房長官職に徹していて、「支えるのが天職」と言い続けている。師の梶山静六は、橋本《はしもと》龍太郎《りゅうたろう》総理を支えながら参謀として自らの意見は言い続けていた。官房長官のタイプで言えば、菅も、安倍総理に自分の意見をハッキリと口にし続ける参謀型である。

一方、「平成」の元号を掲げた小渕恵三《おぶちけいぞう》は、官房長官として竹下登《たけしたのぼる》総理に尽くし続けた「忠臣型」と言われた。

菅官房長官の安倍総理への徹底した尽くしぶりを見る限り、「忠臣型」とも言える。その意味では、菅官房長官は、「参謀型」であり、「忠臣型」でもある。

小渕内閣で野中広務《のなかひろむ》官房長官を官房副長官として支えた新党大地代表の鈴木宗男《すずきむねお》によると、「官房長官は自ら表にしゃしゃり出る役職ではない。むしろ目立ってはならないのだ。そうかといって、下がってもいけない。立ち居振る舞いには細心の注意を要し、責めは非常に重い。それが官房長官である。

菅さんの利点は余計なことを言わないところにある。なにより発言に無駄がない。官房長官の元には霞が関の各省庁からさまざまな情報が集まってくる。国政の舵取りに関する材料は、その気になればいくらでも取れる立場だ。菅さんはすべてを知っていながら、ここ一番で抑える術を知っている。呑み込んでいながら、全部吐き出すわけではない。このさじ加減が大事なところだ。このあたり、菅長官の緩急の付け方には絶妙な感覚が見て取れる」

第二次安倍政権の強さは、総理の政務秘書官に今井尚哉《いまいたかや》（現・総理補佐官）を据えたことも大きい。今井は、第一次安倍内閣では経済産業省から抜擢《ばってき》された事務の秘書官であった。第二次安倍内閣で、政務秘書官となった時、肝に銘じている。

「第一次安倍内閣で、安倍総理を支えきれなかった。今度の政権ではかならず支え抜く」

安倍総理の今井政務秘書官への信頼は篤い。その今井は、菅官房長官との関係も密にしている。自分の意見を打ち出す時、菅に必ず相談するが、意見が異なった時には、菅の意見に従うという。

菅義偉の危機管理

安倍総理が決定を下すべき案件は数知れない。長期政権となってその数は多くなるばかりだ。その一つひとつを総理が決裁していればキリがない。

総理官邸のグリップ役としての手腕が高く評価されている菅官房長官は、安倍総理と顔を合わせるのは、一日のうちで二度か三度である。一回あたり、せいぜい五分ほどで退席する。その短い時間に、重要案件のみ、総理の判断、決断をあおぐ。

例えば一〇の案件があると、菅はそれをＡＢＣの三つに絞っていく。そのときも、ＡＢＣの三案をそのまま提示するのではなく、Ａ、Ｂ、Ｃの三案のうち、判断を総理にすべてゆだねることはない。

「このようなＡＢＣの三案があって、私はこのうちＢ案にすべきと考えています。こういう方向でどうでしょうか」

あくまでも、自ら解決策を提示する。安倍総理の判断は、菅の判断とほとんど変わりないずれることはほとんどないという。政権運営を続けるうちに、「あ・うん」の呼吸を手に入れたわけではなく、これは菅が官房長官に就任以来、七年間続いている。

菅には口癖がある。

「何かを判断するときに、国民からみて普通の人が普通に考えておかしいと思うもの。それが、そのままであってはダメだ。普通の人が普通に考えておかしいと思うものは、変えるべきだ。その勇気を持つべきだ」

西村康稔《にしむらやすとし》（現・経済再生担当大臣、新型コロナ対策担当大臣）は内閣官房副長官に就任して、常日頃から感嘆していた。

〈菅官房長官のもっとも凄いところは、危機管理の意識の高さだ〉

傍らで見ていても、菅は常に二四時間体制で、いつ何が起きても対応できる心構えでいることがわかる。たとえ深夜の二時、三時であっても、ミサイルの発射や地震などが発生すると、菅は誰よりも早く官邸に向かった。西村も急いで官邸に駆けつけるが、いつも菅に先を越される。官房長官は車を使えるため、走って官邸に向かう西村より早く到着していて当然なのだが、必ず一番に官邸に到着するのはさすがである。

官房長官は、呼び出しがかかって一五分以内に官邸に入り、事実関係の確認を一〇分以内に行い、三〇分以内に記者会見できるよう準備を整える。

平成二九年（二〇一七年）一一月二九日未明、北朝鮮の新型大陸間弾道ミサイル（ICBM）「火星15号」が発射された時、西村は午前三時一八分に起こされ、二〇分後に駆け付けた。が、すでに菅官房長官は記者会見場に向かうところだった。あまりにも早い対応を見て、ある人が西村に、「菅長官はスーツを着たまま寝ているんじゃないか」と冗談を言ったほどだった。

これが、菅義偉の危機管理である。

安倍総理は、菅については、私に次のように語っている。

「アンテナを広く張り、なにか問題があれば、事前にそれを摘んでおくような役割を果たしてくれています。彼は、非常に闘将タイプの人間ですから、平時にも強いですが、乱世にも強いタイプです」

安倍政権は、菅官房長官の活躍もあり、「危機管理」に強いことがひとつのセールスポイントでもあった。「強いリーダーシップ」で、自民党や官僚の求心力を高め、安倍一強といわれ内閣支持率を維持してきた。

ところが、ここに来て、安倍内閣の支持率が急速に落ち込んでいる。なかでも安倍内閣寄りと見られている産経新聞ですら支持三六・二%に対し、不支持四六・七%と大逆転を見せていた。「桜を見る会」の対応のまずさ、さらに加えて、なにより保守層の中にも、「新型コロナ対策に失敗した」との失望感があることが大きい。

東京五輪も延期されるのではないかと不安視されている。二月二七日には、総理のリーダーシップが見えないとの声を挽回しようとしてか、反対も多いなか、安倍総理は「全小中高校の臨時休校」の要請に踏み切った。

はたして安倍政権はこれまでのように危機管理の強さを発揮できるのか。怪しくなってきた。安倍総理はもちろん、安倍政権を支えてきた菅官房長官にとっても正念場だ。さらにポスト安倍に浮上している岸田文雄《きしだふみお》政調会長、加藤勝信《かとうかつのぶ》厚生労働大臣らにとっても正念場である。

この危機をどう乗り切るかは、ポスト安倍レースに大きな影響を与える。

安倍総理が「乱世にも強い」と評価する菅官房長官の底力の見せどころと言えよう……。

二〇二〇年三月

大下英治

内閣官房長官——目次

第二章　政治家・菅義偉の屹立

第三章　歴代最長・官房長官の七年

第四章　長期政権の危機管理人

第五章　この国のゆくえを左右する男

序章　内閣官房長官の眼

新元号「令和」を語る

平成三一年（二〇一九年）四月一日に新元号「令和」を菅官房長官が発表した。同月、筆者は、菅官房長官に直撃インタビューした。

――国民もマスコミも、菅長官自身への注目が高まっていますね。私も意外や女性週刊誌二誌から、「『平成』の元号を掲げた小渕恵三官房長官は、のちに総理大臣になったが、はたして菅官房長官も将来総理大臣になる可能性はあるのか」と長官についてのコメントを求められました。私は、「十分にありうる」とコメントしておきましたけど。

菅　上皇陛下がお気持ちを発表されてから、政府としては憲法に抵触しないように、衆参の両正副議長の協力も得つつ、国会で粛々と法整備を進めてきました。生前退位は憲政史上初めてのことでしたので、無事に執りおこなうことができて安心しています。

――長官は、今回の新元号発表には、どのように関わられましたか？

菅　新元号の発表に関しては、元号法の元号選定手続きのなかで官房長官の役割が定められているんです。官房長官は、総理が次の元号にふさわしい候補名の考案を委嘱された考案者の方たちから提案された元号の候補を数個に絞って、総理大臣に諮《はか》ることになっています。

――今回は「令和」を含めて六つの案が諮らたそうですね。「令和」以外は「英弘」「万保」「万和」「久化」「広至」と報じられています。

菅　これはなかなか難しい問題なのですが、色と報じられていますが、政府の立場としては他の案については明らかにしないことになっています。総理からの委嘱として、ご相談させていただいた考案者の方たちも、基本的には匿名なんです。

――では、いくつかの案の中から選んだということでよろしいですね。

菅　ええ。私の方で、数多くの有力候補のなかから数個に絞って、総理に提案させていただきました。その中から、有識者の方などにご意見を伺ったうえで、「令和」が選ばれたということになります。

――新元号「令和」に対しては、各紙の世論調査でも、六割～七割の国民が「好感を持てる」と好意的な回答をしています。

菅　ホッとしています。これは発表している話ですが、元号選定の手続きに従い、宮崎《みやざき》緑《みどり》千葉商科大学国際教養学部長ら九名の「元号に関する懇談会」の有識者の方たちに、私からいくつかの候補を説明させていただいたなかでも「令和」を支持される方が圧倒的だったんです。

――最終的に総理が決定されるまでの流れはどのようなものでしたか。

菅　四月一日の決定に至るまでの流れとしては、まず官房長官である私が有識者による「元号に関する懇談会」を開き、新元号の原案について有識者の皆さんからご意見をうかがいます。その後、私が衆議院および参議院の正副議長のご意見をうかがいます。そのうえで、さらに、全閣僚会議において、新元号の原案について協議をする。そこで閣僚のみなさんからもご意見をうかがいます。最終的に私から全閣僚に対して総理一任の了承を得る。そのうえで、総理が「新元号は令和としたい」と語り、新元号を内閣として決定しました。元号決定に至る手順としては、そうした経緯を経ています。

――「令和」は、日本最古の歌集「万葉集」の「梅花の歌三十二首」の序文「初春の令月《れいげつ》にして、気淑《よ》く風和ぎ、梅は鏡前の粉を披《ひら》き、蘭は珮後《はいご》の香を薫す」を出典にしているそうですが、国民にとっても馴染みやすかったのではないでしょうか。

菅　万葉集を典拠とする「令和」への有識者の皆さんからの支持は圧倒的でした。みなさんのご意見も「新元号は国書、いわゆる日本の書物から選ばれるべきだ」という意見がほとんどでした。

――今回、安倍総理が談話を発表したのは、官房長官の提案だったのですか?

菅　いえいえ違います。平成の際も、発表したのは小渕官房長官でしたが、竹下総理は談話を出されました。ですから、総理が談話を出すのは自然なことです。

――長官は連日記者会見を開いていますが、新元号の発表は、さすが普段の会見よりも緊張されましたか？

菅　緊張というよりも、私自身「しっかりとやり遂げたい」という思いがありました。新元号を全国民に向けて発表するわけですから。のちのち映像で発表時の自分の表情を見ても、我ながら「かなり気合いが入っているなあ」と思います。

——新元号は事前にメディアに情報漏れすることもなく、順調に発表されましたね。

菅　今回はマスコミの方々の関心が非常に高かったものですから、公表の段取りについても相当調整しました。絶対に漏れないように細心の注意を払っていましたが、各マスコミはなんとしても発表前につかもうと異常なくらい頑張っていましたね。

——有識者の携帯電話も事前に預かったとか。

菅　一般論として申し上げれば、このような大事な場面では、サイバーセキュリティにも細心の注意を払います。

——ポスト安倍をめぐるメディアの調査などでは、菅長官自身の名前も急浮上されてきています。平成三〇年一〇月に産経新聞社とＦＮＮ（フジニュースネットワーク）が実施した調査では、二・七％で六位でしたが、（平成三一年）四月の調査では、五・八％の支持を集めて、今回は四位に浮上されています。

特に菅長官の場合は、三〇代や四〇代の働きざかりの男性からの支持が比較的高いそうです

新元号「令和」を発表する菅義偉 内閣官房長官（写真提供・朝日新聞社）

ね。これは長官の手堅い仕事ぶりが評価されてのことだと思います。ご自身としては、どうでしょうか。

菅　元号発表をやったから注目されてきただけでしょう（笑）。

——これまでいわゆる永田町では長官の実力は知れわたっていましたが、国民的にはいまひとつ親しみがなかった。そこに今回の元号発表で、にわかに「令和おじさん」として親しみを持たれて、国民的人気は高まっています。

菅　それはよくわかりませんが、周囲からいろいろ言われたり、街を歩いて声をかけられることが多くなりましたね。元号発表の効果で、私にとっては、世の中がとても狭く感じられるようになりましたよ（笑）。

菅官房長官の眼

——菅長官の官房長官としての在任期間も、二三〇〇日を優に越えて歴代最長記録を更新中ですが、官邸を統率する中心人物として、省益優先になりがちな霞が関をコントロールしていくにあたって、どんなことを意識していますか。

菅　もともと、日本の官僚は「国のために働きたい、公のために尽くしたい」という高い志を持っているはずなんです。ですから、政治の側が省益を超えた国益のための働く場所や機会を作って官僚機構を活用することが大事だと思います。これまでの経験に照らしても、彼らは、私が考えていた以上に、一所懸命に力を尽くして働いてくれますよ。

――官邸を守る菅長官と、党を守る二階俊博幹事長とのコンビということで考えれば、菅官房長官にとってお二人はどういう関係性ですか。

菅　やはり、二階幹事長には、党を全部まとめていただいていますから助かっています。法案も、党内に多少の異論があるものでも、最後には国会日程に合わせて、まとめてくれていますから、安心してお任せしています。安倍総理もいつも感謝されてます。

――そういう意味では、安倍総理にとって、菅長官と二階幹事長のふたりが重石《おもし》となっていることは大きいですね。

菅　私は重石になれていないと思いますが、幹事長の下で党にしっかりと法案を精査してもらっているのはありがたいことです。やはり、政府の仕事は「法案を成立させてこそ評価される」というところがあります。何か新しいことをするにしても、法律を作らないと進みません。例えば、秋から携帯電話の事業者間で競争がしっかり働く新たな枠組みが実施されますが、これも電気通信事業法を国会で改正することができたからです。

――二階幹事長との意思の疎通は、どうでしょうか。

菅　折に触れてご指導いただいています。やはり政権を維持していくには、政府と政権与党との連携がうまくとれていないと難しい。また政府で他党のことまで対応することはできません。全体として予算枠はどうするか、法案はどういう形に仕上げるかといったことも、お互いに意志疎通を図ることが大事だと思っています。

二階幹事長は、一度約束したことはきっちりやっていただけます。お互いに気を遣わずとも阿吽の呼吸とでも言いますか、政府としてやりたいことを丁寧にご説明すれば、必ずやっていただけます。特に平成三一年の通常国会は、召集が一月二八日と普段よりも遅かったのですが、補正予算も本予算もお願いした通りに調整していただいています。とてもありがたいです。

——菅長官は、日本維新の会の松井一郎《まついいちろう》代表や、橋下徹《はしもととおる》元大阪市長とのパイプも強いと報じられています。

菅　いろいろ言われていますが、元々のきっかけは橋下（徹）さんが平成二〇年二月の大阪府知事選挙に出馬する際に、当時の自民党大阪府連から頼まれて、自民党選対副委員長だった私が橋下さんに直接出馬の説得をしたことがきっかけなんです。その時は大阪府連からの依頼で私が担当しただけだったんです。その時の知事選では、自民党と公明党の大阪府連の推薦で橋下さんは当選しています。だから私が、橋下さんや松井代表との関係が良いのは自然なことなんです。

——では、菅長官が橋下さんの政界入りの道を拓いたわけですね。

菅　ええ。その府知事選がスタートですからね。

――今後、憲法改正を進めるにあたって、憲法改正に積極的な「日本維新の会」や、慎重な公明党との関係をどのように考えていますか。

菅　維新は、憲法改正については、とても明確ですね。公明党は慎重だと言われていますが、自民党として丁寧に説明し、理解を得られるよう努めていきたいと思います。いずれにせよ、参院選後の話だと思っています。

――最近では、自民党内から安倍総理の四選の可能性に言及する声もあがっています。平成三一年三月一二日には、二階幹事長も記者会見で、四選の可能性について問われて、次のように語っています。

「党内外、特に海外からの支援も十分あるわけだから、この状況においては十分あり得ることだ。余人を持って代えがたいという時には、なんら問題無いと考えております」

長官自身は四選について、どのように思われますか？

菅　まだ三選してから一年も経っていないんですよ。何よりも政権としてやるべきことを一つひとつやってゆくことが重要だと思っていますね。

二階幹事長が語る安倍―菅官邸

――二階幹事長は「官房長官に伝えれば、必ず総理に伝わるし、総理に伝えておけば、全部官房長官に伝わる」とおっしゃっていますね。

二階　これが政権の強みです。ここにちょっと隙間があるとか、人によっては付け足す人もあったり、差し引きする人もいる。

官房長官はその点はまったく信頼できるから。総理も信頼しておられる。それがなければ、本当、政治にならないですよね。

総理と官房長官の間に、ほとんど違いがないことが、今日の安倍政権、自民党政権の安定のもとなんですよ。ですから、われわれも安心していられます。

――官邸と党が時にぎくしゃくしたりということが普通ありますけど。

菅　幹事長に難しい問題をまとめていただいています。農業改革にしても、党内でいろんな意見が出てきますよね。私は幹事長が総務会長時代から、内緒でご相談させていただいて、まとめていただいたんです。軽減税率の問題も、これは表に出てませんが、全部、幹事長にご相談させていただきました。

二階　官房長官も私も人前でそんな派手なことは言いませんけど、われわれは何かがあったら、お互いに責任を取る覚悟がある。

――二階幹事長と菅官房長官は、官邸と党の要として密に連絡をとりあっているそうですね。平成三〇年（二〇一八年）二月の二階幹事長の誕生日には、菅長官が党本部の幹事長室を訪ねたという話も聞きました。

二階　平成三一年（二〇一九年）二月二三日に地元の和歌山県御坊《ごぼう》市の御坊市民会館でおこなった妻・怜子の偲ぶ会にも、官房長官にはわざわざ足を運んでもらいました。

党と内閣でともに協力して政権を支えていかなくてはいけませんから、なにかあれば一緒に協力しあうという仲ですよ。菅さんはまだ若いから将来、総理候補になる可能性も十分あるでしょう。

第一章　官房長官・菅義偉の戦略

アメリカ政府が厚遇した外交デビュー

令和元年五月九日から一二日にかけて、菅義偉官房長官は、アメリカを訪問した。

菅は、今回の訪米で、ペンス副大統領らトランプ政権幹部と相次ぎ会談し、北朝鮮による日本人拉致問題の解決や沖縄の米軍基地負担軽減に向けた日米の連携を確認した。

また、日本政府がニューヨークの国連本部で拉致問題解決を訴えるために開くシンポジウムへの参加も、訪米の主な目的だった。

シンポジウムには、これまで歴代の拉致問題担当大臣が出席しており、菅も、平成三〇年一〇月に拉致問題担当大臣を兼務して以来、出席に意欲を示していた。

菅は、そのほかにも、ワシントンでは、ポンペオ国務長官やシャナハン国防長官代行とも会談し、前提条件を付けずに日朝首脳会談の開催を目指す日本の立場に理解を求めた。

新元号「令和」の発表によって知名度が急上昇した菅にとっては、世論調査で「ポスト安倍」の候補者にも浮上したなかでの訪米となり、さらに注目を集めることになった。

菅は、訪米前の五月八日の記者会見で意気込みを語った。

「拉致問題の早期解決に向けて擦り合わせをおこなうとともに、沖縄の基地負担軽減に直結する米軍再編の着実な実施を確認したい」

政府の危機管理を担う官房長官の海外出張は極めて異例のことで、菅の官房長官就任後の外遊は、平成二七年一〇月のアメリカ・グアム訪問以来で二度目であった。

五月九日午後（日本時間一〇日朝）、訪米中の菅義偉官房長官は、ワシントンでポンペオ国務長官、シャナハン国防長官代行とそれぞれ会談した。

会談では、アメリカの国防総省が弾道ミサイルだったと分析した北朝鮮による飛翔体の発射について、日米が緊密に連携して分析、対応することで一致。北朝鮮の完全な非核化に向け、国連安保理決議の完全な履行が必要との認識も改めて確認した。

菅は、ポンペオ国務長官との会談で、前提条件をつけずに北朝鮮の金正恩《キムジョンウン》朝鮮労働党委員長との日朝首脳会談の実現をめざす日本政府の方針を説明した。さらに、拉致問題の早期解決に向けて協力することも改めて確認した。

菅は、会談終了後、記者団に語った。

「あらゆるレベルにおいて緊密に連携をしていくことで一致した」

飛翔体の発射後も日本政府の方針は変えず、日朝首脳会談の実現を目指す考えも示した。

菅は、シャナハン国防長官代行との会談では、沖縄県宜野湾《ぎのわん》市にある米軍普天間《ふてんま》飛行場の名護《なご》市辺野古《へのこ》への移設を着実に進めることを改めて確認した。

五月一〇日午前（日本時間一一日午前）、菅は、ワシントンのホワイトハウスで、ペンス副大統領と約四〇分間にわたって会談した。

菅とペンス副大統領は、北朝鮮が九日に短距離弾道ミサイルを発射するなど挑発行動を続けていることについて「極めて遺憾」との認識で一致した。

そのうえで朝鮮半島の非核化に向けて、国連安全保障理事会決議に基づく制裁を完全に履行していくことを確認した。会談では米中貿易交渉も話題になった。

菅はペンス副大統領に伝えた。

「両国が対話を通じて建設的に問題解決を図ることを期待する」

会談後、菅は、北朝鮮の短距離弾道ミサイル発射への対応について記者団に語った。

「日米であらゆるレベルで緊密に連携していくことを確認した」

五月一〇日午後、ニューヨークの国連本部で日本政府が主催する拉致問題シンポジウムで基調講演した。

菅は、日朝平壌宣言に則って将来的に支援をおこなう可能性を示し、核・ミサイル廃棄を進めるよう北朝鮮に促した。

「北朝鮮が正しい道を歩むのであれば明るい未来を描くことができる。日本は北朝鮮が有する潜在性を解き放つための助力を惜しまない」

さらに菅は、日朝首脳会談の実現を呼びかけた。

「北朝鮮との相互不信の殻を破り、新たなスタートを切る考えだ」

また、菅は、拉致問題シンポジウムに先立って、ニューヨーク・ウォール街で活躍する金融投資業界関係者との意見交換をおこなった。

菅は、この席で、外国人観光客増加や農産物輸出の拡大など菅氏が手がけた分野の成果を強調し、安倍政権の経済政策をアピールした。

「引き続き大胆な改革を進めつつ、日本経済の成長をさらに拡大させたい」

菅の訪米には拉致問題担当職員だけでなく和泉洋人《いずみひろと》総理補佐官のほか、外務省や防衛省の局長級ら官僚約四〇人が随行し、米国内では杉山晋輔《すぎやましんすけ》駐米大使が同行した。

一連の公式日程を終えた菅は、五月一〇日夜（日本時間一一日朝）、ニューヨークで記者団に、今回の訪米を総括し、語った。

「拉致問題の早期解決や米軍再編の着実な推進に向けて連携を確認することができた。大変有意義だったと考えている」

菅の外交デビューはこうして終わった。

令和二年二月八日の筆者のインタビューでも、菅長官は、令和元年五月の訪米について振り返って語った。

「昨年五月の訪米は、非常に充実した良い内容になりました。また、国連本部で開催したシンポジウムで主要各国の関係者を前に講演したことにより、拉致問題、人権問題を世界に発信できたのかなと思っています」

菅は、さらに現在の日米関係の強固さについても語った。

「第二次安倍政権発足以来、特定秘密保護法の制定や平和安全法制の整備など、日米同盟そのものを本格的に機能させるための環境整備に尽力してきました。そのため、現在の日米同盟はかつてないほど強固で、実効的に機能するものになっていると思います。そういったなかでの私の訪米についても、米側の政府関係者は非常に歓迎してくれました」

沖縄基地負担軽減へ奔走

菅義偉は官房長官と拉致問題担当大臣だけでなく、沖縄基地負担軽減担当大臣も兼務している。兼務するようになったのは、平成二六年九月の内閣改造以来で、この改造で沖縄基地負担軽減担当大臣のポストが新設されてからだった。

第二次安倍政権の発足以降、日本政府は、沖縄県の負担軽減のため、アメリカとさまざまな交渉をおこない、推進してきた。

平成二八年一二月には、沖縄県最大のアメリカ軍施設である北部訓練場の半分を超える約四〇〇〇ヘクタールの土地が返還された。

これは沖縄が昭和四七年に本土に復帰して以来、最大の返還にあたり、沖縄県内のアメリカ軍施設の土地の約二割にあたる。

さらに、普天間基地周辺の米軍関係者の住宅地や道路用地の返還も進められている。

平成三〇年三月三一日には、沖縄県浦添《うらそえ》市の米軍牧港補給地区（キャンプ・キンザー）の国道五八号に隣接する約三ヘクタールが返還された。

この返還にともない、国道五八号の浦添市勢理客《じっちゃく》から城間《ぐすくま》までの区間を片側三車線から四車線に広げる拡幅工事をおこなうことになった。

菅は、平成三一年四月二二日に、筆者のインタビューを受けた際にも、米軍基地の負担軽減について語っている。

「沖縄県の嘉手納《かでな》基地より南には沖縄の人口の八割が集中していますが、安倍総理と当時のオバマ米大統領の間で、その地域の米軍基地の七割を返還することが決まっています。その決定を実行に移すのが私の仕事です」

菅は、令和二年二月八日の筆者のインタビューでも、自らが担当する米軍基地の負担軽減について語った。

「第二次安倍政権の発足以降、普天間基地の辺野古への移設を進めていますが、この基地移設は、平成八年にSACO（沖縄に関する特別行動委員会）合意があってから一六年もの間、動きがなかったものです。それを動かして、いま埋め立てを進めています」

馬毛島買収

令和元年一一月二九日、防衛省は、米空母艦載機のFCLP（陸上着陸訓練）の移転候補地として買収交渉を進める馬毛島《まげしま》（鹿児島県西之表市《にしのおもて》）について、島の大半を所有する「タストン・エアポート社」（東京都）と正式契約に向けて合意した。

菅義偉官房長官は、一二月二日の記者会見で、馬毛島について、約一六〇億円で買収することで合意したと発表した。

菅は会見で語った。

「施設の確保は安全保障上の重要な課題であり、早期に恒久的な施設を整備できるよう取り組む」

騒音が伴うFCLPは、平成三年（一九九一年）以降暫定的に、実施場所が厚木基地（神奈川県）から硫黄島（東京都）に移されたが、硫黄島は艦載機部隊が駐留する米軍岩国《いわくに》基地（山口県）からは一四〇〇キロ離れているため、米側から代替施設を要求されていた。その要求を受けて、日米両政府は平成二三年（二〇一一年）に岩国基地から約四〇〇キロの距離にある馬毛島を候補地とすることで合意していた。

菅は、令和二年二月八日の筆者のインタビューで、馬毛島の買収についても語った。

「馬毛島の買収が決まりましたが、この問題も長い間、地権者と交渉をおこない、日本政府が取り組んできた課題でした。現在は、硫黄島で訓練をしていますが、馬毛島での訓練実施はアメリカにとっても、歓迎される決着だと思っています。何よりも訓練をするうえでこれまでの硫黄島と比べても最適の場所です」

那覇空港第二滑走路

安倍政権では、沖縄の基地負担軽減だけでなく、沖縄の主要な産業である観光業の振興にも力を入れている。

菅義偉官房長官が現在、沖縄観光の起爆剤として期待を寄せているのは、令和二年三月二六日に、沖縄の空の玄関口である那覇空港の第二滑走路の供用が始まることだ。

現在の那覇空港は、観光需要の高まりを受け国内外の約四〇都市と路線を結んでいる。平成三〇年（二〇一八年）の乗降客数は国内線、国際線合わせて二一三八万二八四三人で、日本国内の空港のなかで六位である。

平成二四年（二〇一二年）以降、那覇空港は国内外の格安航空会社の進出もあり、中国や韓国、台湾など東アジアだけでなく、シンガポールやタイといった東南アジアにも路線を拡大し、今では国際空港としての役割を担うまでに成長している。

那覇空港の利用拡大に対応するため、平成二六年一月に第二滑走路の造成工事に着手。現在の滑走路から約一三〇〇メートル離れた沖合を約一六〇ヘクタール埋め立て、全長二七〇〇メートル、幅六〇メートルの滑走路を造り上げた。総事業費約二〇七四億円に上る巨大プロジェクトとなった。

第二滑走路の運用が始まり、発着枠が拡大することで、航空機の発着時の混雑解消に期待がかかる。現在の一本の滑走路で安定的に運用できる発着回数は一三万五〇〇〇回だが、平成三〇年度の発着回数は一六万四〇〇〇回と大きく許容量を超えていた。そのため、上空や滑走路周辺では発着を待つ航空機が列をなしている。

菅は、令和二年二月八日の筆者のインタビューで、第二滑走路の開設や沖縄の経済振興についても語った。

「第二次安倍政権が発足し、当時の仲井眞弘多《なかいまひろかず》沖縄県知事と会った時に仲井眞さんが強く要望されたのが第二滑走路の重要性でした。『沖縄は、外から観光客に来てもらわないとダメなんです。そのためには空港をなんとかしてほしい』と強く話されていました。それから七年が経ち、仲井眞さんの執念がようやく結実しました。今回の拡充によって、年間で約六〇〇万人の利用者増が可能になると想定されています。沖縄への観光客増加はさらに増えると思いますよ」

菅は、さらに沖縄への思いについて語った。

「基地負担の軽減も、経済振興も、やはり少しずつでも結果を出していかないと沖縄の人たちからは信用されないと思っています」

また、日米両政府は、沖縄県に駐留する米海兵隊一万九〇〇〇人のうち、四〇〇〇人をグアムに、五〇〇〇人をアメリカ本土などに移転することで合意している。二〇二〇年代前半には、この移転も始まる予定だ。この合意では、米海兵隊のグアム移転と普天間飛行場の辺野古移設とは切り離されている。しかし、民主党政権時に普天間飛行場の移設問題が迷走する中、米国議会がグアム移転事業の資金支出を凍結し、平成二五年（二〇一三年）一二月の埋立承認を含む辺野古移設の進展によって凍結を解除したという現実がある。辺野古移設が進展しなければ、結果的に、在沖米海兵隊のグアム移転による基地負担軽減の実現が難しくなる。

令和元年九月二七日、米軍普天間飛行場（沖縄県宜野湾市）の名護市辺野古への移設計画をめぐって、宜野湾市議会は、辺野古への移設促進を求める意見書を賛成多数で可決した。

宜野湾市議会はこれまで普天間の早期返還を求める決議や意見書を可決してきたが、移設先として辺野古を明記したのは初めてのことだった。

提案した呉屋等《ごやひとし》市議によれば、平成三〇年一二月に辺野古沿岸部への土砂投入が始まったことや、県内の他の議会でも辺野古移設促進を求める意見書が宮古島《みやこじま》市議会などで可決されていることから、「当事者」として市議会の意見を表明すべきだと考え、移設先を明記したという。

意見書では、普天間飛行場から発生する事件事故に悩まされてきた市民の我慢は「すでに限界」と指摘し、「日米両政府において移設先が辺野古が唯一の解決策としている以上、苦渋の決断の時期と思慮せざるを得ない」としている。

菅は、令和二年二月八日のインタビューでも、宜野湾市議会が意見書を可決したことについても語った。

「宜野湾市議会が決議したことは、これまでの沖縄では考えられないことで、すごく大きいことだと思っています。みんな触れることを避けてきましたから。政府としては、今後もできるだけ説明をさせてもらいながら、約束したことは、小さいことでも一つずつ進めていくことが大事だと思っています」

今後、普天間基地の辺野古への移設を進めていくうえで、何が重要なのかについても菅は語った。

「やはり選挙で勝つことです。今年六月には沖縄の県議会議員選挙がありますが、自民党をはじめとする野党系がこの選挙で勝利し、過半数を取ることができれば、大きく変わってくると思います」

内政に精通する菅

安倍政権で優先的に取り組む政治課題は何か。

菅は、令和二年二月八日の筆者のインタビューで語った。

「安倍政権では何に取り組むのかを明確にしてきました。これまで一貫して貫いてきたのは経済再生です。第二次安倍政権が発足した平成二四年頃は一ドル八〇円前後でしたが、一〇九円前後になり、株価も八〇〇〇円台だったのが、二月時点で二万三〇〇〇円を超えています」

さらに、雇用の増加や、有効求人倍率の改善も目立っている。菅はこの点についても語った。

「生産年齢人口がこの間五〇〇万人減ったにもかかわらず、四四〇万人分の新しい雇用が増えました。有効求人倍率も〇・八三から一・四九に上昇しましたが、これはバブル期を上回る高い水準です。しかも、四四〇万人増えたうち、女性が約三八〇万人ほどを占めています」

また、現在政府では、全世代型社会保障制度の確立にも尽力している。これまでは、社会保障費の約七割が高齢者に対する給付だった。が、令和元年一〇月に消費税を八%から一〇%に引き上げたことにより生じた財源のうち約二兆円を子供や若者などの若年世代に向けて投じることにした。

令和元年一〇月一日には、幼児教育・保育の無償化がスタートした。

これは幼稚園、保育所、認定こども園などを利用する三歳から五歳までのすべての子供たちの利用料が無料になる制度で、さらに〇歳から二歳までの子供たちが利用する場合も、住民税非課税世帯を対象として利用料が無料になる。

また、今年四月からは、世帯所得に応じて、大学や専門学校の授業料が無償化になる高等教育の修学支援新制度もスタートする。

菅は今後取り組むべき課題についても語った。

「現代は人生百年と言われますが、働けるのは六五歳まで。今度は七〇歳まで働ける制度を整備したいと思っています。

また、年金の受給も、現在は六〇歳から七〇歳までの間に受給開始年齢を選択できますが、その幅を最大で七五歳までにしたいと思っています。その場合は、七五歳まで受給開始を延ばした場合は、受給額を八割増しにする予定です」

また、厚生年金の加入義務がある企業規模要件の引き下げにも今後、取り組んでいく予定だ。

これまで五〇〇人以上の企業が対象であったが、令和四年（二〇二二年）一〇月に従業員一〇一人以上、令和六年（二〇二四年）一〇月に五一人以上まで引き下げ、中小企業にも厚生年金を拡大していく。

また、年々財政を圧迫する医療費の増大についても、対応策を講じていくという。

「現在、七五歳以上の一人あたりの年間の医療費は平均九四万円です。一方で、〇～七四歳は平均二二万円、四倍近くになっています。

一例として、糖尿病患者は年間の医療費が一人あたり約五万円です。ですが病気が悪化して人工透析が必要になると、およそ六〇〇万円になります。今後は、悪化しないための予防や、健康寿命を延ばすことにインセンティブを与えるなどの取り組みを行い、医療費の抑制をしていきたいと思っています。また、効率化に取り組み、高齢者と若者が負担を分かち合えるような仕組みづくりにも取り組んでいきます」

菅はさらに語る。

「誰もが安心して暮らせる社会の実現のためには、社会保障制度の改革は避けて通ることができません。これまでは高齢者中心の取り組みが多かったですが、若い世代向けのものも今後はさらに増やしていきたいと思っています」

真夏の全国遊説

令和元年七月四日、第二五回参議院議員選挙が公示された。

菅は、この参院選で、応援弁士として全国各地をまわった。公示以降、投開票日までの一七日間、のべ二八の都道府県に入り、三〇名の候補者を応援し、六九カ所で演説をした。

菅は、官房長官としてこれまでの国政選挙でも各地に応援に赴いていたが、この参院選では「令和おじさん」として各地でひっぱりだこであった。集まる聴衆の数も、予想を上回るものがあったという。

令和二年二月八日のインタビューで、菅は語った。

「結構人気があって自分でも驚きました。意外と高校生などの若い人が演説を聴きに足を運んでくれたのはうれしかったですね。なかには『令和』と書かれた紙を掲げて、長い時間待ってくれた人もいました。これまでの選挙とは自分の見る風景が変わったような感じでした」

七月二八日の投開票の結果、自民党は選挙区で三八、比例区で一九、合計で五七議席を獲得した。

選挙区、比例区でともに七議席を獲得し、合計一四議席だった公明党と合わせて、自公は七一議席を獲得。非改選の七三議席と合わせて、一四四議席となり、過半数の一二三議席を上回る結果となった。

その一方で、焦点となっていた憲法改正を可能にする三分の二となる一六四議席には改憲に前向きな日本維新の会の一六議席を合わせても、到達しなかった。自民党、公明党、日本維新の会の三党の合計は、三分の二に四議席足りない一六〇議席となった。

自民党単体での選挙結果は、公示前の六七議席から一〇議席減という結果であった。

が、三年前の参院選での獲得議席の五六議席と比較すると、まずまずの結果ともいえるものであった。

菅は、令和二年二月八日の筆者のインタビューで、参院選の結果について語る。

「結果とすれば、自民・公明の両与党で安定的な議席を取ることができましたから、よかったと思っています。経済の再生や全世代社会保障制度などについても約束した選挙ですから、これから国民のみなさんと約束したことにきちんと取り組んでいきたいと思っています」

菅は、憲法改正についても語った。

「私は政府の一員である官房長官ですから、憲法改正についてコメントするのは非常に難しいと思います。

ただ衆参にある憲法調査会では、牽制球を投げ合うのではなく、各党がそれぞれの意見を持ち寄って、与野党の枠を超えた議論をしてほしいと思っています」

携帯料金は四割下げられる

安倍政権では、携帯電話の料金の値下げにも取り組んでいる。この問題も、菅の発言が口火となり、改革が進んだ事案の一つである。

菅は、平成三〇年八月二一日、札幌市で講演した際に携帯電話料金について政府として携帯電話会社に料金やサービスの見直しを促す考えを示した。

「今より四割程度、下げる余地はある」

菅は、NTTドコモ、KDDI、ソフトバンクの大手携帯三社についても批判した。

「利益率は二〇%で、他業種と比べて高い。競争が働いていないと言わざるを得ない」

菅は、第一次安倍政権で総務大臣を務めたときから、携帯電話の問題に関心を払っていた。

大手携帯三社は、国内の携帯事業で莫大な利益をあげている。

しかし、携帯電話サービスは、国民の財産である「公共の電波」を利用して提供されている。ガスや電気など公共性の高い事業会社は、「一〇%以上の利益は必ずお客さんの国民に還元する」という姿勢で事業をおこなっているという。

だが、大手携帯三社にその視点はなかった。売上額に対してどのくらいの儲けがあるかをあらわす営業利益率は、菅が指摘するように三社とも平均二〇%前後。これは、東証一部上場企業の平均の約三倍に相当している。他方、携帯電話の通信料は、近年家庭の家計を圧迫し続けている。

総務省の家計調査では、携帯電話の年間通信料を世帯でみると、平成二九年は一六万八五五五円。デフレが続くなかで、この一〇年間で約四割も増え、家計の負担となっていることがわかる。

また、世界六カ国の主要都市での携帯電話の料金比較調査でも、シェア一位の事業者の大容量のプランでは日本（東京）は最も高い料金水準であった。

菅は、大手三社による寡占状況を打開するために、新規企業の参入も推進した。競争が起きれば、料金面でもサービス面でも消費者にとっての利便性は高まる。

総務省は当初、参入に慎重だったが、結局、楽天が第四の携帯電話事業者として申請し、令和元年一〇月からの試験的な参入を経て、令和二年四月八日から本格的に携帯電話事業をスタートすることになった。

菅が「携帯料金は四割程度下げられる」と発言した背景には、楽天が「既存の携帯会社の半額の通信料で参入したい」との事業申請をしていたことがあった。

菅が平成三〇年八月に札幌で発言したのち、政府は、一〇月から総務省の有識者会議「モバイル市場の競争環境に関する研究会」を中心に、携帯電話の今後のサービスのあり方について議論を重ねていった。

改革は料金の引き下げだけではなかった。

これまで消費者にとって不透明な仕組みとなっていた端末の代金と通話・データ通信料をセットにして利用者を囲い込む仕組みも、令和元年五月一〇日に改正電気通信事業法が成立したことによって、一〇月からは禁止されるようになった。

これによって、端末代金と通信料金を完全に分離した料金プランへの移行が携帯電話業界で加速していくことになる。

また、日本では中古の携帯市場が十分に整備されていない。菅はこの分野も、活性化させて、国民がそのニーズに合った端末を適切な価格で購入できるようにしたいと思っている。

携帯電話の料金の値下げに言及した菅の発言には、大手携帯三社をはじめ、各方面から大きな反発もあった。「政治家が民間企業に口を出すのか！」という電話が菅の事務所に連日あったほどだ。

だが、いまや携帯の保有者数は、延べ一億七〇〇〇万人にもなり、災害時の利用を含めライフラインになっている。利用者にとって分かりやすく納得できる料金・サービスをできる限り早く実現する必要がある。

菅は、令和二年二月八日の筆者のインタビューで、自らが推進した携帯電話業界の改革について語った。

「昨年一〇月に電気通信事業法の改正が施行されて、ようやくスタートしました。今年の四月からは、楽天が本格的に新規参入しますが、それに合わせて価格競争も始まると思います。私は四割程度下がることを期待しています」

また、令和二年二月四日には、通話回線のレンタル料をめぐりＮＴＴドコモと格安スマートフォンの日本通信の紛争で、ドコモに値下げを求める裁定案を総務省が提示した。

格安スマホは、大手の回線を借りて通信サービスを提供しているが、ネット検索や動画視聴用のデータ通信回線のレンタル料が年々下がるのに対して、通話回線は下がっていなかった。

そのため、日本通信は平成二六年からドコモと回線の提供条件に関して協議してきたが不調に終わり、令和元年一一月に総務大臣宛てに電気通信事業法に基づく裁定を申請していた。

裁定案は原価に基づく算定を求めるもので、現行のレンタル料は三〇秒あたり一四円だが、原価は数円とみられる。電気通信紛争処理委員会は数カ月以内に答申するとみられ、裁定案が確定すれば、ドコモのレンタル料は半額以下となり、今後、格安スマホ各社の通話料が下がる可能性が高い。

菅は、令和二年二月八日のインタビューで、携帯電話業界の改革について語った。

「一連の動きのなかで、私に文句を言ってくる人はいませんでした。法律を改正する際にも、全会一致でした。国民に実感してもらえるのはこれからになりますが、これまでの三社による寡占体制に穴を空けることができたことは、非常に大きいと思っています」

インタビュー後の三月三日に新たに参入する楽天が料金プランを発表した。その水準は菅が平成三〇年八月に札幌で「四割引き下げの余地」に言及した時点の大手携帯事業者の料金水準の半額以下の水準であり、海外の主要事業者と比べても相当に安い水準となっている。楽天の参入を契機に、事業者間の競争が本格化していくだろう。

菅が目指す「利用者にとって分かりやすく納得できる料金・サービス」は、実現に向けて大きく前進しつつある。

農産品海外輸出一兆円時代へ

安倍政権では、農林水産物や食品の海外輸出に力を入れている。

政権発足時の農産物の輸出額は二〇一二年に四四九七億円だったが、この七年間で増加し、二〇一八年は九〇六八億円と約二倍になっている。

一兆円を目標額としていた二〇一九年は前年比微増で九一二一億円であった。水産物の不漁や、韓国への輸出の落ち込みが要因と見られている。

令和二年二月七日、菅は、記者会見で挽回することを語った。

「日本の農産品はアジアで大変人気があり、依然として日本の農産品の輸出には大きな可能性がある」

菅はさらに今年四月から本部が設置される農林水産物・食品輸出本部についても語った。

「政府一体となって農産品の輸出を拡大していく体制を構築する。今年は本格的な対応ができるだろう」

農林水産物・食品輸出本部は、政府の農林水産物の司令塔となり、農林水産省に設置される。外務省や厚生労働省など関係省庁にまたがる輸出実務を一本化する。

菅は、令和二年二月八日の筆者のインタビューで、この一本化についても語った。

「これまで日本は輸出を十分に支援する体制になっていなかった。厚生労働省や農林水産省など、輸出に関する許認可が各省庁にまたがっていましたから。それを各省庁の連携のもとに四月からは〝輸出本部〟を設置して一本化します。これまでは世界中で人気だった和牛を輸出するにしても関係省庁の許可をそれぞれとる必要があり、かなり時間がかかりましたが、これからはだいぶスピードアップができるようになります。海外への輸出額もこれまで以上に伸びると思います」

政府は、今後の輸出拡大の照準を中国に定める。中国への二〇一九年の輸出額は、一四・九％増えて、一五三七億円になり、増加額は一九九億円。国・地域別でもっとも大きい。中国への牛肉輸出は、昨年末に解禁令が出されている。日米貿易協定も今年から発効されており、日本の農林水産物の輸出拡大のチャンスは更に広がっていく。これを含め、この三月に菅は農産品輸出のための閣僚会議の場で、次の輸出目標を「二〇二五年に二兆円、二〇三〇年に五兆円」と打ち出した。農林水産業を成長産業にして、地方の所得を引き上げ、ひいては日本経済を底上げする。そうした壮大な構想のもとに、輸出活性化の取り組みが進んでいる。

台風一九号災害の教訓

近年は、台風や大雨などによる自然災害が深刻化している。

安倍政権では、災害時のダムの洪水対処能力の増加に取り組んでいる。

これは、令和元年一〇月の台風第一九号（令和元年東日本台風）による記録的な被害をきっかけに、菅が関係省庁に「既存ダムを最大限活用した新たな運用を開始する」と検討を命じて実現したもので、今年の夏からは洪水調節（水害対策）に使える容量を現在の二倍に増やすことを目指していた。

全国に稼働するダムは、現在、一四六〇カ所で、実質的な貯水量を示す有効貯水容量は約一八〇億立方メートル。洪水調節に使える容量は、このうちの約三割、約五四億立方メートルに過ぎなかったが、菅の指示で現在の倍の約六割とすることを目指して調整を進めている。

従来、省庁の縦割りが邪魔をして洪水調節に使ってこなかった利水ダムも生かす。水力発電や農業、上水道などに使う利水ダムの多くは電力会社や地方自治体が管理する。大雨を予想して水位をいったん下げると、予想が外れて水位が戻らない場合に、得られる電力が減少したり、渇水になったりする恐れがあると主張されて、各地域で利水ダムは洪水対策に十分に活用できていなかった。

今後は、国土交通省がダムの管理者などと今年五月までに、一級水系毎に協定を結ぶ。利水ダムが事前放流し、その後、水位が回復しなかったことにより損失が生じた場合に国が補塡《ほてん》する制度を創設し、降雨の予想に応じたダムの操作に協力を求める。

これまでは、縦割り行政の弊害で十分機能を生かせていなかった利水ダムだが、今後、豪雨時は国土交通省が、ダムの管理者と連携して水系毎に統一的に運用できるようになるという。

また、事前放流の効果を高めるため、気象庁の気象情報や降雨予想を活用する。気象庁のスーパーコンピュータで運用するメソモデル、全球モデルと呼ばれる数値予報モデルを基に、今年六月から大雨が予想される一〜三日前にダムの水位を下げる仕組みを設ける。予測システムの精度向上に向けた開発も続ける。

菅は、令和二年二月八日の筆者のインタビューで、ダムの洪水対処能力の増加に取り組んだ経緯について語った。

「昨年の台風一九号では全国で深刻な被害となるなかで、例えば利根川は何とかもちこたえましたが、これは新設した八ッ場ダムなどのダムの貢献が大きかったのです。ダムには、多目的ダムと発電や農業などに使う利水ダムの二種類がありましたが、これまで利水ダムは事前に放流したりする洪水調節に使っていなかったんです。なぜかと言えば、発電のダムは経済産業省で、農業のダムは農林水産省。そして、洪水調節に用いる多目的ダムは国土交通省と所管が違った。ダムにも縦割り行政の弊害があったわけです。

今年の台風シーズンから災害時には国土交通省を中心に既存ダムの事前放流などを一元的に行なう新たな運用を開始することにしました。これにより、洪水対策に使える容量が、いままで全体の三割だったのが倍の六割になります。その代わり、事前に利水ダムの水を放流して、その後に水位が回復せずに損失が生じた場合は、電力会社の損失を国が補塡するような仕組みづくりをおこないます。こうした仕組みを作って今年の台風シーズンに万全の準備をしたいと思います」

ロシアとの平和条約締結なるか

菅は、令和二年二月八日の筆者のインタビューでロシアとの関係についても語った。

「ロシアについて言えば、アジア太平洋地域の重要なパートナーですから、安定した関係を築き、協力を深めていくのは、アジア太平洋地域の安定と発展にとっては重要なこと。日本の最終的な目標は、ロシアとの間で領土問題を解決し、平和条約を締結することです。そういうなかで、政治、経済、文化などさまざまな面の交流を深めていき、お互いの信頼関係を深めていく必要があると思います」

令和元年六月二九日、プーチン大統領が訪日した際、日本とロシアの両国は令和二年から令和三年にかけて「日露地域・姉妹都市交流年」（日露地域交流年）をお互いに実施することで一致している。

また平成二九年（二〇一七年）からは、高齢化が進む元島民の負担軽減を図るために、北方領土への航空機での墓参りもおこなわれるようになっている。

菅が日本とロシアとの交渉について、さらに語る。

「ロシアの国内事情もありますが、時間がかかっても粘り強く、一つひとつ進めていくことが大事だと思っています。安倍総理とプーチン大統領には、両首脳間で解決しようという信頼関係がありますから、そういう方向で進めていきたいと思っています」

拉致問題担当相として

菅は、官房長官だけでなく、安倍内閣において、拉致問題担当大臣と沖縄基地負担軽減担当大臣の役職も兼任している。

菅は、安倍内閣にとって、拉致問題の解決は最優先の課題であると語る。

元々、菅は拉致問題については熱心に取り組んできていた。

平成一六年六月二八日から施行された「特定船舶の入港の禁止に関する特別措置法（特定船舶入港禁止法）」も、菅が同僚議員らとともに尽力して、議員立法化した法律の一つだ。

この法律は、当時、北朝鮮の対日工作活動に使われていた万景峰号《マンギョンボン》が新潟港に頻繁に寄港していたことが問題になり、その寄港を防ぐために成立させたものだ。

菅と安倍の結びつきは、この法案を成立させることにより、さらに深くなったという。

安倍総理は、アメリカのトランプ大統領と極めて友好な関係を築いている。

菅によると、拉致問題の解決に向けて、この友好関係は非常に有効になっているという。

菅が語る。

「トランプ大統領はこれまでの北朝鮮の金正恩委員長との会談において必ず拉致問題に言及してくれています。いつも『拉致問題のことはわかっているから俺は言う』と言ってくれるほどです。また、訪日の機会には、拉致被害者のご家族との面会の機会を設け、ご家族一人ひとりの話に熱心に耳を傾けられています。このようなアメリカとの緊密な連携は極めて重要ですが、同時に、日本が拉致問題解決に主体的に全力で立ち向かう必要があります」

安倍総理自身も、金正恩とのトップ会談について積極的な姿勢を見せている。

令和元年（二〇一九年）五月六日には、安倍総理は、アメリカのトランプ大統領と電話会談をおこない、拉致問題を解決をするために、あらゆるチャンスを逃すことなく、この問題の解決に当たっていくとの決意を伝えている。

「私自身が金正恩・朝鮮労働党委員長と条件をつけずに向き合わなければならない」

菅が語る。

「安倍総理自身も、『今度は自分が向き合う』と語っていますが、やはり、首脳会談でないと決まらないことがあります。政府としては粘り強くさまざまな努力を重ねてきていますが、拉致問題は最終的に絶対に解決しなければならない、政権としての最大の責務です。引き続き全力を尽くします」

令和二年二月八日の筆者のインタビューでも、菅は拉致問題について語った。

「拉致被害者のご家族の皆さんはご高齢な方も多く、ご家族の皆さんの思いを考えたとき、拉致問題担当大臣として本当に申し訳ない気持ちでいっぱいです。ただ、何としても安倍政権でこの問題を解決をしたいという思いで、一生懸命にやっています。

トランプ大統領も、拉致被害者のご家族の方と二回会い、彼らの切実な気持ちを十分に理解してくれています。アメリカだけでなく、日本もいろいろなルートを駆使してやっています。安倍総理も『条件なし』で、会って話し合うことが大事だと考え、たびたびメッセージを送っています。あらゆるチャンスを絶対逃さないという思いでやっています」

菅は、自身が長年関わってきた拉致問題についての思いを語った。

「私自身も、当選してからずっと拉致問題をやってきましたし、安倍総理との出会いも拉致問題ですから、この政権で何としても解決したいと思っています」

対中韓関係

菅は、令和二年二月八日の筆者のインタビューで、今年四月に予定されていた国賓としての中国の習近平《シージンピン》国家主席の訪日（三月五日、日中両政府は、新型コロナウイルスの感染拡大への対応を最優先し、双方の都合の良い時期に行う旨を発表）を念頭に、中国との関係についても語った。

「日本と中国の関係は、アジア地域だけでなく、世界の繁栄と安定・平和にとっても非常に重要です。どちらも世界第二位と世界第三位の経済大国ですから。日中がそういう責任感を共有し、率直に対話できるような関係に高めていくことが非常に大事だと思っています」

菅は、令和二年二月八日の筆者のインタビューで、韓国との関係についても語った。

「日本と韓国は、未来志向の関係を築いていく必要があると思っています。現在、日韓間の最大の懸案は、日本統治時代の朝鮮半島出身労働者の問題ですが、これについては、一九六五年に締結された日韓請求権協定において、『完全かつ最終的に』解決された旨が約束されています。ですから、現在の事態は、韓国側が一方的に協定違反の状態を作り出したという意味において、すべて韓国側の責任なのです。本来、韓国側が自らの責任の下に、国内で対応すべき話なんです」

インバウンドを主導

菅義偉が政治家として、力を入れてきたことは、縦割り行政の打破だ。インバウンド（訪日外国人旅行客）の増加も、縦割り行政の打破によってできたことであった。

インバウンドは、平成二四年は約八三六万人だったが、平成三〇年は、約三一一九万人になり、この六年でなんと四倍近く増加している。二〇一九年は、前年比二・二％増で三一八八万人である。

菅は、かつて、インバウンドについて、なぜ日本よりも韓国の方が観光客が多いのか不思議に思っていた。日本が八三六万人台だった時代に、韓国は一一〇〇万人を超えていた。

民主党政権時代、野党議員だった菅は、観光庁に質したことがあった。

「韓国よりも、外国人観光客が少ないのはなぜなんだ？」

返ってきた答えは「観光政策の予算の規模」という説明であった。

しかし、菅が独自に、よく分析した結果、問題の原因は、ビザ発給の基準が他国と比べて厳しいこと、また、免税品の数が極端に少ないことにあることが分かった。

菅は、第二次安倍政権発足後、すぐにこのテーマに取り組むことにした。

第二次安倍政権発足後の最初の施政方針演説でも、安倍総理が「観光立国」を大きく打ち出した。

「世界の人たちを惹きつける観光立国を推進する」

菅は、予算を増やすだけでなく、二つの政策を実行に移すことにした。「ビザの要件緩和」と「免税品の対象品目の増加」であった。

当初は、法務省や警察庁は、ビザの緩和に対して、大反対であった。

「ビザを緩和すると、不良外国人が入って来ます」

「日本の犯罪件数が多くなります」

法務省と警察庁の反対の声は強く、菅は、当時の所管大臣である谷垣禎一《たにがきさだかず》法務大臣と古屋圭司《ふるやけいじ》国家公安委員長の説得に乗り出すことから始めた。

菅は、二人にインバウンド政策の趣旨について話をして、了解を得た。

その次は、太田昭宏《おおたあきひろ》国土交通大臣と岸田文雄外務大臣に諮り、合意を得た。国交省は観光庁を所管し、外務省はビザの発給を管轄しているからだ。

その後、菅は、内閣官房長官室で、担当の四閣僚と会談し、インバウンド政策について政治主導で決定した。わずか一〇分ばかりの会談で合意を得ることができた。

この決定をきっかけにして、平成二五年七月に、タイやマレーシア、ベトナム、フィリピン、インドネシアに対する観光ビザの発給要件の緩和措置がとられ、それ以降、中国やインドなどさまざまな国にその対象は広がっている。

ビザの緩和とともに、免税品の対象品目を増やしたことも効果的であった。

消費税八%を免税する対象品目については、それまでは、家電製品、衣類、カバンなどの「消耗品以外の一般物品」に限られていた。

が、平成二六年一〇月からは、薬品類、化粧品、食品などの消耗品にも対象範囲を拡大した。これも菅が政治主導で、品目拡大に抵抗する財務省と観光行政を主導する国土交通省の間の利害関係を調整して、実現にこぎつけた。

菅が品目を拡大したのには、ある思いがあった。

〈インバウンドは、地方活性化の切り札にもなる。地方の特産品を免税にすれば、外国人観光客がたくさん買ってくれるようになり、地方が活性化するはずだ〉

菅の予測は当たった。観光地のお土産屋などはもちろん、地方の特産品などを販売する「道の駅」も、外国人観光客で非常に賑わいを見せた。

いまやインバウンド政策は、安倍政権の成長戦略の柱になっている。東京五輪のおこなわれる令和二年には、四〇〇〇万人のインバウンドを見込んでいるという。

さらに今年三月二九日からは、羽田空港の昼間時間帯国際線発着枠が年間約三・九万回増える。また、成田空港も、管制機能の高度化や高速離脱誘導路の整備を実現するとともに、日米両政府が令和元年五月一七日の日米合同委員会で、千葉県・房総半島沖にある米軍の訓練区域を変更することで合意したことにともない、年間発着回数の四万回増加が実現する。

菅は、令和二年二月八日の筆者のインタビューで、インバウンドの今後の見通しについて語った。

「縦割りをぶち破って、いろいろなことをやろうというのが、もともと私の政治家としてやりたいことでした。観光はその一例で、それまでは治安は法務省と警察庁が担当していて、外国人が増えれば犯罪が増えるからダメだという立場でした。一方、観光行政は国交省が担当していましたが、どうしても法務省や警察庁の意見の方が強かった。ですが、その縦割りを改めたら、八三六万人だったインバウンドはいまや三一八八万人です。消費額も一兆八〇〇〇億円から四兆八〇〇〇億円になった。今年は四〇〇〇万人を目標にしていますが、二〇三〇年には六〇〇〇万人にしようと目標を立てています。さらに、インバウンドを通じて、日本の良さを海外に発信することもできますから、最高のチャンスになります」

新移民時代

改正入管法を成立させ、平成三一年（二〇一九年）四月から外国人の就労を目的とする新しい在留資格を創設するなど、安倍政権では外国人の就労拡大を進めてきた。

菅は、令和二年二月八日の筆者のインタビューで、外国人の就労拡大についても語った。

「各業界も必要だと認識していましたが、各省庁が全然動いていませんでした。ですが、現場を見ると、労働者不足は本当に深刻です。西日本新聞の特集『新　移民時代』（平成二九年一一月に明石書店から出版）が詳細に描いていましたが、今は外国人の働き手がいないとお弁当も作れないんです。老人ホームも、せっかくできても二割が空き室になっている。これは入居希望者がいないわけではありません。待機者は東京都だけでも六万人から七万人いると言われている時代です。お年寄りの介護をする働き手がいないから空き室のままになっているんです」

介護業界だけでなく、建設業や農業でも人手不足は深刻だ。

菅は、関係する全局長を集め、現場の実態について何度も議論を重ねて、就労拡大を進めてきた。

菅はさらに語る。

「話を聞けば、『やってくれなければ成り立たない』というのが現状。むしろ、これまではなし崩しのまま進んでいたのを表できちんと管理していこうということなんです」

「新型コロナウイルス」感染対策

現在、日本では中国の湖北省武漢市で発生した新型コロナウイルスによる感染者が多数確認されている。

三月一三日午後一時時点の日本経済新聞の集計によれば、国内で感染が確認された人は、日本国内が六八二人、クルーズ船の乗客・乗員が六九六人、合わせて一三七八人となっている。

日本政府では、武漢市に滞在していた日本人のチャーター機による帰国に取り組んだ。

一月二八日から二月一七日にかけて、五便のチャーター機で、合計八二八人が帰国している。

菅は、二月八日の筆者のインタビューで、チャーター便による帰国についても語った。

「チャーター便による帰国は、あくまでも現地に滞在する邦人の方々の希望を尊重しつつ実施しましたが、日本政府としては、一人でも多くの帰国希望者を救うという強い意志で取り組みました」

菅は、今後の観光業界への影響についても語った。

「中国人が一番旅行する春節の時期にこういう事態になりましたが、現在、まだ旅館のキャンセルなどを含めて、地方の中小企業がどのくらい影響があるのかを把握している段階です。現在は、まず新型コロナウイルスの蔓延を防止することに全力で取り組み、その後、影響を受ける業界への対策もしていかなくてはいけません」

第二章

政治家・菅義偉の屹立

秋田の農家に生まれて

菅義偉は、昭和二三年（一九四八年）一二月六日に、秋田県雄勝郡《おがちぐん》雄勝町《おがちまち》（現・湯沢市）で、父・和三郎《わさぶろう》、母・タツの長男として生まれた。

父親の和三郎は、戦前は、満州鉄道で働いていた。戦後は、農業を営んでいた。

菅が生まれ育った雄勝町は、奥羽山脈に抱かれる秋田県の東南端、山形・宮城と県境を接する豪雪地帯だ。そのため、一一月から三月までは雪に埋もれてしまう。和三郎は出稼ぎには出なかったが、ほとんどの家庭ではこの期間に稼ぎ手が出稼ぎに出ていた。

和三郎は、昭和三五年（一九五五年）に四〇歳で地域のいちご組合を立ち上げて、組合長に就任し、平成二二年六月二八日に九二歳で亡くなるまでずっと務めていた。

和三郎は、農業についての先見性を持っていた。組合長に就任する頃から、すでにコメ農家が将来先細りになる、という強い危機感を抱いていた。ほかの地域の農協がコメばかりの中で、コメに依存するのではなく、付加価値の高い農産物に活路を見出すべきだと考えていた。和三郎が取り組んだのは、苺《いちご》の生産である。苺の出荷時期は、例年一一月頃から翌年の五月頃までがピークにあたる。

和三郎は、他の地域の苺の出荷が下火になる五月頃から市場に出回るような苺の生産に取り組んだ。六月から七月にかけて販売すれば、流通量が少ないので苺の販売価格も高くなる。和三郎が中心となって開発した品種は、和三郎の名前をとって「ワサ」と名付けられた。アメリカ種の苺でしっかりした果皮と酸味が特徴の「ワサ」は、現在も秋田県で生産され、主に六月から七月にかけて生産されている。和三郎は、東京や大阪などの大都市をはじめ、遠く四国や九州にまで販路を拡大していた。

菅は、地元の秋ノ宮小学校、秋ノ宮中学校を卒業し、秋田県立湯沢高校に進む。秋田時代、特に目立つ子ではなかったようだ。

〈このまま秋田に残って農業を継ぐのは嫌だ。東京に行けば、いいことがあるはずだ〉

当時の日本は高度成長の真っ最中で、右肩上がりの時代だった。菅の中学時代の同級生は一二〇人。そのうちの半分の六〇人が中学卒業と同時に東京へ集団就職した。残った六〇人の半分の三〇人が家事手伝いとして農業を継ぎ、三〇人が高校へ進学。菅も高校へ進学したうちの一人だった。その後、高校を卒業した三〇人のうち一人だけが大学へ進学した。

一方、菅は、東京へ夢を抱き、家出同然、単身で上京した。

上京後、菅は板橋の段ボール工場に住み込みとして就職したが、しだいにある強い思いを抱くようになる。

〈視野を広げるため、大学で学びたい〉

入学金を貯めるため、築地市場の台車運びなどのアルバイトもしながら、アパートに帰れば試験勉強という生活が二年ほど続いた。

当時、私立でもっとも学費が安かった法政大学法学部政治学科に入学。入学した後もガードマン、新聞社での記事運び、食堂のカレーの盛りつけ係などアルバイトを続け、さまざまな職場で働き、学費を稼ぎながら大学を卒業した。

農家の長男として生まれた菅は、決して秋田を捨てたわけではなかった。大学を卒業するときに、悩んだ。

〈田舎に帰ろうか。それとも、まだ東京に残ろうか……〉

秘書生活一一年

東京に残ることを決めた菅は、民間企業に就職した。

実は、菅には大学時代から迷っていたことがあった。

〈自分が一生懸けてやれること、やりたいこととは、一体なんだろうか？〉

サラリーマン生活を始めてから、ようやく気づいたことがあった。

〈世の中の仕組みとは、こういうものなのか。政治が、世の中を動かしているんだ〉

就職してから一年ちょっと過ぎたころのことである。それまでは目標が見つからず、ふらふらしていた菅に、ようやく目指したいと思える光が差した。

〈政治の世界に身を投じてみたい。政治の世界こそ、人生を懸けるにあたる世界では〉

大学では普通のノンポリ学生。政治に興味を持ったのは、誰かの影響を受けたり、何かきっかけがあったわけではない。いろんなアルバイトを経験し、就職したことで、ようやく見つけた世界が政治だっただけである。

このとき菅は、いずれは政治家になりたいなどとは思わなかったし、政治家になれるとも思っていなかった。ただ、政治の世界で働きたかった。

〈どのみち一生は一回だ。自分が人生を懸けてもいい、と思えるところで働くべきだ〉

政治の世界に一生を懸けると決めたものの、ツテなど何も持っていない。そこで、法政大学の就職課に行き、「先輩の政治家を紹介してください」と頼んだ。

近くにあったＯＢ会の事務局を紹介してもらい、清水事務局長に菅の思いを話したところ、事務局長が懇意にしている法政大ＯＢの中村梅吉《なかむらうめきち》（元衆議院議長）の秘書につないでくれた。

ただし、即秘書としての採用とはならなかった。

「うちの秘書といっしょに、東京の安井謙《やすいけん》議員の事務所に行って、参院選を手伝って来い」

安井謙は、第二次池田内閣で自治大臣兼ね、国家公安委員会委員長に任命され初入閣を果たした。第一次佐藤第一次改造内閣で、総理府総務長官に任命された。昭和四三年から昭和四六年まで、参議院副議長を務める。

昭和四九年の参議院選挙に出馬する安井の選挙を見習いとして手伝うことになった。

それでも、菅はうれしかった。ようやく政治の世界に入れたことに喜びを感じ、誰よりも朝早く事務所に行って、誰よりも夜遅くまで事務所で働いた。今、自分にできることすべてをやろうという一心だった。

そして、菅は確信した。

〈探し求めていたのは、これだ〉

選挙が終わった後、菅の働きぶりが素晴らしかったと評価され、五、六人の政治家事務所から「秘書に来ないか」と誘われた。

しかし、最初に紹介してもらった中村梅吉が身体を壊し、次の衆議院選には出馬しないことになった。そのため、中村の秘書が非常に親しくしていた同じ中曽根派の小此木彦三郎《おこのぎひこさぶろう》事務所を紹介してくれた。

「横浜の小此木さんのところに行ったらどうだ」

小此木彦三郎は、昭和三年（一九二八年）一月二六日、神奈川県横浜市に生まれた。早稲田大学文学部哲学科卒業。横浜市会議員を経て、昭和四四年一二月二七日の衆議院議員選挙に神奈川県一区から自民党公認で国政に初挑戦し、代議士になっていた。

菅は、昭和五一年（一九七六年）小此木事務所で秘書として働くことを決めた。二六歳の菅が一生を懸けると決めた政治の道のスタートは、小此木彦三郎の秘書としてからだった。そして、このときから、菅のアクセルは踏みっぱなしである。

小此木事務所での序列は、一番下の末席。菅の秘書生活は一一年に及ぶことになるが、最初の二年は小此木の秘書として、神奈川県議の梅沢健治《うめざわけんじ》（元自民党神奈川県連会長）を担当し、選挙や地方政治を学んだ。

ボロボロの靴

現在、衆議院議員を務める小此木八郎《おこのぎはちろう》は、昭和四〇年六月二二日、小此木彦三郎の三男として生まれた。小此木は、四人兄弟の三番目で、上に兄が二人、下に妹がひとりいる。

菅が小此木の父の彦三郎の秘書になったのは、昭和五一年（一九七六年）。小此木八郎がまだ小学生のころであった。いつも四人兄弟で母親の用意してくれた朝食の席に、いつの間にか菅も加わるようになり、いっしょに食べることが自然になっていった。

小此木が語る。

「細かいことは覚えていませんが、当時はまだ自分も子供で秘書なんて言葉すらよく知りませんから、いっしょに朝飯を食べるお兄ちゃんが増えたくらいの感覚でした」

代議士一家の朝は慌しい。地元秘書の菅は食事を終えると、地域を回るためにすぐに小此木家を辞する。そのため、八郎少年が若き日の菅とじっくりと話をする機会はなかった。

そのため、苗字が珍しいことと秋田県出身であることくらいしか印象には残っていない。ただし、中学生の頃など、小此木が忘れ物をした際に、菅が学校にまで届けに来てくれたことが数回あったのは覚えているという。

小此木八郎が菅を意識するようになったのは、父親の彦三郎の仕事である政治の世界に興味を持つようになり始めた高校生の頃からだった。

菅は、選挙区の横浜市内を駆け巡り、いつも汗をかき、真っ黒に日焼けをして、靴底をすり減らしていた。当時は、事務所に車もないし、今のようなクールビズもない。夏の暑い日でも上着を持って歩き回っていた。

小此木八郎は、高校生のときに、菅の結婚披露宴に出席したことがある。その際、主賓としてスピーチをした後援会の幹部が語っていた言葉が印象に残っている。

「菅は靴がボロボロになるまで、歩いて歩いて歩き回るから、これまでに何足も靴をプレゼントしたんだ」

地元秘書の鑑《かがみ》ともいえるそんな菅の姿を小此木八郎は、いまだに覚えているという。

彦三郎は、当選回数を重ねるに連れて、政界の階段を上っていくようになる。

昭和五七年には国会対策委員長に就任し、その一年後の昭和五八年（一九八三年）一二月には、第二次中曽根内閣で通産大臣として初入閣を果たした。

菅は相変わらず一番下の秘書だったが、通産大臣就任から半年後、大臣の政務秘書官に抜擢された。

「お前、少しここで勉強しろ。海外を見ろ」

菅には、自分が秘書として頑張っていることを評価してくれたご褒美のように思えた。

秘書官時代には、小此木の外遊に同行し、初めての海外視察も体験した。

中曽根派の幹部だった小此木彦三郎のもとには、田中派の中堅議員たちもよく会いに来ていた。

なかでもとりわけ親しかったのは、梶山静六だった。梶山は小此木彦三郎よりも二つ年上で、二人とも地方議員出身ということもあり、議員会館の部屋も近く、肝胆《かんたん》相照らす仲であった。

菅は、のち衆議院議員になって梶山を師を仰ぐようになる。

おれは勝てる

当時の菅にとって、横浜市議、神奈川県議ともに、ものすごく遠い存在だった。どんなに難しい陳情時でも諦めることなく一生懸命にやった。何足も靴を履き潰して歩き回った。

菅に声をかけてくれる人も出るようになった。

あるとき、引退する市会議員から、菅のもとに自分の選挙区を譲るから後継者になって欲しいとの話が舞い込んだ。その選挙区には、ほかに二人、若い自民党の市会議員がいたが、二人とも「菅ちゃんだったら選挙で争っても本望だ。きっとうまくやっていけるよ。お互い横浜のために頑張ろう」と、普通なら嫌がるところを、本当に喜び、菅の説得までした。

だが、菅は、その話を断った。友情ある二人とは戦えなかった。

菅は、結局、別の選挙区から立候補する決意をする。有力議員のいる、誰からもここから出馬して下さいと言われていない横浜市西区だった。

その選挙区には、当時七七歳の自民党現職議員がいたが、引退して菅と同い年の息子に地盤を継がせることになっていた。西区の定数は三。現職は、自民、公明、民社の三人で、八三〇〇票、八一〇〇票、七九〇〇票という四〇〇票という僅差で争い社会党は落選しているという、厳しい選挙区である。

ところが、引退を決めていたベテラン自民党市議が地盤を継がせるはずだった息子がある日突然、三八歳という若さで亡くなった。

菅は、一瞬思った。

〈これは運命かもしれない〉

菅は、歴史書をよく読んでいた。

市議も県議もはるかに遠い存在だと思っていた秘書時代、菅のことを可愛がってくれていた東京の実業家が、菅にこう言っていた。

「私には、世の中が見えるんだ。菅さんは、大臣まではなる。大臣までは間違いない」

その言葉を思い出し、菅は、その実業家にこのまま市議選に出馬すべきかどうか、相談した。返ってきた言葉は、こうだった。

「前から言ってるように、それは運命だから、絶対に出馬するべきだ」

この言葉に後押しされるように、菅の気持ちは市議選出馬に傾いていた。

しかし、今度は引退するはずの現職市議が、出馬すると言い始めた。そのうえ、定数三が二に減らされるという、ますます厳しい状況に追い込まれた。

菅の周囲の人たちは、さすがに止めに入った。

「あんな楽な話を断って、なんでこんなに厳しい選挙区からわざわざ出るのか」

おまけに、中曽根内閣が売上税導入を表明したことで自民党に逆風が吹いていた。

小此木彦三郎も、菅のことを思って説得した。

「勝目はないから、やめた方がいい」

それでも、菅の気持ちは揺らがなかった。

〈まだ、子どもは六歳、三歳、六カ月と幼い。金もない。それでも、応援してくれる人は大勢いる。やろう。無所属でもやってやろう〉

菅の意志は固く、昭和六一年（一九八六年）一〇月一日、一一年勤めた小此木事務所を辞めた。

このとき、菅は一人思っていた。

〈おれは、勝てる〉

菅は秘書を辞めたその日から、ひとりで西区の家々を一軒一軒まわり始めた。一日二〇〇軒、四月の選挙前までに三万軒をまわり、六足の靴をダメにした。

ある日、菅が訪ねた家は、別の候補者を支持する家だったが、菅の靴を見て聞いた。

「なんで、そんなボロボロの靴を履いているのか」

事情を知ったその家の人は、菅に言ったという。

「これだけの苦労をしてるのだから、菅さんは、必ず当選するよ」

菅は、昼に蕎麦屋に入った時、あまりの疲労に意識を失った。いっしょにいた人が「休んだ方がいい」とすすめたが、菅は「平気です」と言って、また一軒一軒、家をまわった。

最初は自民党の公認ももらえず、無所属だった。やっと公認が貰えたのは選挙の直前だった。

選挙前に、菅の妻の真理子に会った元小此木事務所秘書の橋本昇《はしもとのぼる》が、訊ねた。

「お金も、地縁も、地盤もないゼロからの選挙を、なぜ反対しないんですか」

真理子は、伏せ目がちに、謙虚に消え入りそうな声ながら、それでもきっぱり言った。
「主人には、支援して下さる方が、きっと多く出てきていただけると信じています」

影の横浜市長

昭和六二年（一九八七年）四月、菅は横浜市西区から市議選に出馬した。「農家の長男」にとって、秋田との決別は苦しい選択だったが、ここで初めて望郷の念を断ち切った。

菅は、世代交代を訴え、必死に「草の根運動」に励んだ。その結果、政治に懸ける菅の情熱を理解してくれる「人の輪」が広がっていった。

最終的に自民党からの公認を得た菅に対して、一度は引退を決めながら再出馬を狙ったベテラン自民党市議は、「自民党が菅を降ろさない」という理由から自民党を離党していた。その後、このベテラン議員は公明党・民社党と組み神奈川県会議員選挙に鞍替えし、自民党県議を破って、七七歳で当選を果たすことになる。

一方、菅は、この選挙で自民党の悪い部分をすべて見せつけられた。

「このような混乱を引き起こした原因は菅君なのだから、今回の選挙は降りて、現職のベテラン自民党議員に譲るべきだ。一回待てば、次に菅君の番が来るんだから」

そう説得する自民党の声を、菅は頑として聞かず、選挙運動に邁進した。その結果、最終的に自民党から公認をもらい、当選した。

地盤を譲ってもらった楽な選挙を選ばず、お金が無くとも、地盤が無くとも、強靱な意志と弛まぬ努力があれば、何事も成し得ることを実現させた。そんな菅は、ある意味、怖いものなしだった。

自民党横浜市議の中には二つの派閥があった。一人は五〇代がリーダー、もう一人は八〇代がリーダー。菅は五〇代の方に入った。ところが、その五〇代のリーダーがリクルート事件絡みで失脚してしまう。自然と一期、二期の議員たちがまとまるようになっていた。

菅の市議一期目の平成二年四月、横浜市長選挙がおこなわれ、建設省の事務次官や水資源開発公団総裁を務めた高秀秀信《たかひでひでのぶ》が当選した。その際、菅が秘書を長年務めていた横浜市を地盤にする衆議院議員の小此木彦三郎が、高秀市長に言った。

「市の人事を含めて大事なことは全部、菅に相談してくれ」

それ以来、菅は小此木の名代として、月に一回、高秀市長のいる市長室を訪問し、市政に関するさまざまな案件について相談するようになった。

菅が市長と定期的にサシで会っていることは、周囲におのずと伝わっていった。菅は、自然と周囲から横浜市議会の実力者として見られるようになっていった。

親分肌の小此木に見込まれていたこともあって、菅の事務所には、市政に関するさまざまな陳情や市の役人の相談が舞い込むようになった。当時、菅は事務所に三人もスタッフを雇っていた。

菅は、横浜市議を務めながら、いつの日か国政への思いを強くしていった。

〈霞が関の中央官庁が主導する中央集権の枠組みを、壊さなければいけない〉

当時の横浜市は、待機児童の数が多く、子どもを保育園に預けられずに困っている親が多く問題になっていた。また、特別養護老人ホームの入所待機者も増え始めていた時期でもあった。だが、待機者を解消するために保育所や老人ホームなどの施設を整備するのには、国の制約がものすごく多かった。全国一律の制度になっているため、地価の高い横浜市では、国の基準を満たす面積の土地を確保するのは、容易ではない。そのため、施設の整備がどうしても遅れてしまっていた。

菅はそういった壁にぶち当たるたびに思っていた。

〈なんで、地域に合った制度でやらせてくれないんだ。地方分権を進めないと〉

国の政策は、中央官庁の役人が決めてしまい、国民の視点や実態とはかけ離れていた。菅は、市議時代、そういった法律や制度について矛盾を感じる場面を多く目にしてきた。

菅は思った。

〈国の制度の問題を解決するには、市議会議員で騒いでもしょうがないな。国会議員になって

制度そのものを変えていくしかない〉

昭和六二年（一九八七年）一一月に、中曽根内閣が総辞職し、竹下内閣が誕生した。中曽根が率いていた派閥「政策科学研究所」も、桜内義雄《さくらうちよしお》がいったん引き継ぎ、そのあとは渡辺美智雄《わたなべみちお》が会長に就任した。

平成三年（一九九一年）一〇月、渡辺美智雄は、自民党総裁選に出馬することになった。

小此木彦三郎も、渡辺陣営のひとりとして活発に動いた。横浜駅の近くにある百貨店そごう横浜店のホールに聴衆を集めて、渡辺の講演会を開くことを決めた。

小此木彦三郎は、すぐに市議会議員の菅に電話をした。

「おい、ミッチーが来るからな」

講演会当日、五〇〇〇人以上入るホールが聴衆で満員となった。準備期間が一カ月もないなかで、菅が中心となって、横浜市内の自民党の地方議員や、小此木の後援者、後援企業の関係者などに声をかけて、集めたようだった。

結局、一〇月二七日におこなわれた自民党総裁選で、渡辺は竹下派の支持を受けた宮澤喜一《みやざわきいち》の前に敗れた。

が、一一月四日、小此木彦三郎は亡くなった。六三歳であった。

小此木八郎によると、このときの彦三郎の通夜や葬儀も、菅が小此木家の兄たちとともに取り仕切ってくれたという。

オヤジの跡を継ぐんだ

彦三郎が急死したことにより、後継者問題が浮上する。八郎の上の兄二人も、政治家秘書などの経験はあった。が、結局、後継者は大学卒業後、秘書として彦三郎の近くにいた八郎になった。

八郎が選挙に出るにあたっても、横浜市議会議員の菅が尽力してくれた。

最初は八郎が後継に意欲を見せると、菅は心配していた。

「八ちゃん、政治家になるのは大変だよ」

大学卒業後、秘書になって数年の八郎は、当時はまだ政治の世界のことを詳しく知らなかった。すでに一一年にわたる秘書生活や、市議会議員としての活動を通じて、気苦労の耐えない世界であることを知り尽くしていた菅は心配してくれたのだろう。

だが、八郎自身は、経験は浅くとも、やる気だけはあった。

〈なんとしてもオヤジの跡を継ぐんだ〉

熱意もあり、結局、八郎が後継者として出馬することが決まった。

いざ出馬することが決まると、菅も尽力してくれた。

彦三郎と親交のあった古参の県会議員が選対の責任者となり、その下の事務局長のポストには菅が就任してくれたのだ。

平成五年（一九九三年）七月一八日、第四〇回衆議院議員選挙がおこなわれた。

自民党公認で出馬した小此木八郎は、八万一六七三票を獲得し、定数四名の神奈川一区で三番目で初当選を飾った。

「秋田県出身」の名刺

小此木彦三郎の死後は、みなが菅に頼るしかないという雰囲気となった。それまで小此木の持っていた経済界の応援団、役人との勉強会など、人脈のネットワークを引き継いだ。こうして、菅に権力が集中し始めた。

最初の市議選はしがらみを乗り越えた苦しい選挙だったが、その経験が菅の強さと自信になっていた。

〈衆院選は、おれしかいないだろう〉

怖さなどまったくなく、当選して当たり前だと自信満々で挑んだ。

地元の自民党の神奈川県議や横浜市議たちも、自分たちの仲間の代表として必死で応援してくれた。

平成八年（一九九六年）一〇月二一日におこなわれた第四一回衆議院議員選挙に、菅は自民党公認で神奈川県第二区から出馬した。

細川護熙《ほそかわもりひろ》内閣で政治改革がおこなわれ、選挙制度も、中選挙区から小選挙区比例代表制へと変わった。

神奈川一区も、三つに分割されることになり、新しい神奈川一区からは市議会議員の松本《まつもと》純《じゅん》が、神奈川二区からは菅義偉が、神奈川三区からは小此木八郎が出馬することになった。

選挙制度が中選挙区から小選挙区に変わって初めておこなわれたこの選挙は、橋本龍太郎総理率いる自民党と、小沢一郎《おざわいちろう》率いる新進党の二大政党同士による政権を巡った戦いが注目を集めた。

菅は、若手論客の新進党現職の上田晃弘《うえだあきひろ》、元社会党大物議員二世の大出彰《おおいであきら》らと熾烈な戦いを繰り広げることになった。

ある候補者は、菅が地元横浜出身でないことを攻撃して、選挙戦の後半から吹聴した。

「菅候補は、落ちたらすぐ田舎に帰る」

が、菅の性格はそんなことで怯まない。逆に、名刺に「秋田県出身」と堂々と書き、それを持って運動に励んだ。そうしたところ、秋田県出身者はもちろんのこと、北海道、東北から九州まで、地方から横浜に出てきている人たちが「応援してやる」と言って、どんどんその輪が広まっていった。

結果、菅は、七〇四五九票を獲得し、初当選を果たした。次点の上田の得票は、六五九〇五票。わずか四五五四票差での勝利であった。

なお神奈川一区の松本純、三区の小此木も当選した。

一言居士

菅は、衆議院議員選挙に当選後、平成研究会に入会した。平成研究会は、田中角栄、竹下登の流れを受け継ぐ保守本流の派閥である。当時は、小渕恵三が会長を務め、自民党内において最大派閥であった。総理大臣の橋本龍太郎も、菅が師事することになる官房長官の梶山静六も、平成研究会であった。

菅が平成研究会に入会したのは、八郎の長兄が平成研究会の幹部で、当時総理大臣であった橋本龍太郎を菅に紹介したことがきっかけであった。長兄は、もともと橋本と親しく、熱心に応援していた。

平成研究会の強みは、その結束力であった。若手議員たちに対するアプローチも巧妙だった。菅の同期の議員は二十数人いたが、一年生議員六人くらいでグループできっちりと囲い込まれて行動する機会が多かった。

菅は一年生議員の時から一言居士であった。間違ったことがあれば一歩も退かずに主張した。

当時、分割民営化された旧国鉄の債務のうち国鉄清算事業団へ引き継がれた約二八兆円の処理をめぐって、民営化されたＪＲ各社に対して、追加負担を求める案が運輸省を中心に浮上していた。

菅はこの案に反対の立場であった。小此木八郎にも反対にまわるように説得してきた。

「すでに民営化されている企業に対して、国の借金の一部を負担させる案は絶対におかしい。いっしょに反対しよう」

菅は、理詰めで小此木を説得してきた。

当時、菅は一回生、小此木は二回生であった。国会議員としては小此木が先輩になる。だが、小此木にとって菅は兄のような存在であった。

小此木は、菅の影響もあって、ＪＲに追加負担を求める法改正に反対する論陣を党内で張ることにした。

当時は、主流派の党三役の加藤紘一《かとうこういち》幹事長や、森喜朗《もりよしろう》総務会長、山崎拓《やまさきたく》政調会長らに対して、４Ｋといわれる四人のベテラン議員たちが総務会で活発に党の方針に反対する意見を述べていた。４Ｋは、河野洋平《こうのようへい》、亀井静香《かめいしずか》、粕谷茂《かすやしげる》、梶山静六の四人。いずれも非主流派ながら、一家言あるツワモノぞろいの議員たちだ。

小此木や菅も総務会に出席して、ＪＲに負担を求める党の方針に反対の意見を述べようとした。が、小此木が手を挙げても、若手議員が指名されることはなかった。そんなとき、助け舟を出してくれたのが梶山であった。

「さっきから、ずっと手を挙げているから指してやってくれよ」

そう言って、若手議員も発言ができるように議論をリードしてくれた。

小此木の総務会での発言に対して、梶山が誉めてくれることもあった。

「いい加減な発言かと思ったけれど、聞いてみたら、いいことを言うじゃないか」

結局、日本国有鉄道清算事業団の債務等の処理に関する法律案は、平成一〇年（一九九八年）一〇月六日に、小渕政権のもとで可決されることになった。

小此木や菅たち反対の立場で活動していた若手議員たちは、本会議では反対票を投じることはしなかった。自席に座ったままで採決に参加をせずに棄権することで、抗議の意志を最後まで示すことにした。

野中広務の逆鱗に触れる

この法案が採決される少し前の平成一〇年七月一二日、参議院議員選挙がおこなわれた。

橋本龍太郎総理率いる自民党は、四四議席と惨敗を喫した。橋本総理は、その日のうちに辞任を表明した。

開票日、小此木八郎と菅義偉は、斎藤文夫《さいとうふみお》の選挙事務所で選挙特番を見ながら、橋本辞任の報を知った。

自然とどちらからともなく橋本後継の総裁選の話になった。小此木が言った。

「菅さん、梶山先生しかいないよ」

菅も応じた。

「そうだな、ハッちゃん」

翌月曜日、小此木はすぐさま行動に移した。梶山に総裁選への出馬を促そうと、議員会館の梶山の部屋を訪ねたのだ。梶山の元を訪れると、そこにはすでに菅がいた。

打ち合わせをするまでもなく、二人とも考えていることはいっしょだった。

小此木と菅は、梶山に総裁選への出馬を要請した。が、梶山はまだ決断がつかない様子であった。

梶山の所属する小渕派は、会長の小渕恵三の出馬に向けて、一気に動き出していた。梶山が出馬するとなると、派閥を割ることになる。しかも、小渕のバックには強い影響力を持つ竹下登もついていた。苦戦することは必至だった。

さすがに梶山も逡巡があるようで、小此木と菅の二人は追い返されてしまった。

「生意気言っているんじゃない」

しかし、梶山待望論は、小此木や菅だけでなく、江藤隆美《えとうたかみ》や島村宜伸《しまむらよしのぶ》などの旧中曽根派のベテラン議員、麻生太郎《あそうたろう》など河野洋平グループの議員、野田聖子《のだせいこ》や浜田靖一《はまだやすかず》などの若手議員を中心に党内に徐々に広がり始めていった。

小此木と菅は、最初に断られた日から数日後、二人でふたたび梶山の議員会館の部屋を訪ねた。

総裁選への出馬を再度依頼すると、梶山はすでに心を決めていたようだった。

梶山は、はっきりと言った。

「わかった。俺はまな板の鯉になる。俺は俺でやるから、お前らはお前らで勝手にやれ」

梶山なりの出馬宣言に菅も小此木も感動を覚えたという。

菅が帰宅すると、梶山の秘書から電話があった。

「菅さん、いよいよ総裁選だ。来てくれませんか」

菅は、すぐに駆けつけて、梶山の総裁選の準備に入った。

梶山は、平成研を離脱して出馬した。

七月一八日、梶山選対は帝国ホテルに設置された。菅はこの時の総裁選で、当選一回ながら、選対の事務局次長に就任した。

この総裁選での経験は、菅にとって非常に貴重なものになったという。

この時、菅は国会議員たちのさまざまな人間模様を見たという。

「やっぱり、梶山さんしかいない」

最初はそう公言していた議員でも、結局、「派閥に世話になったから」などと言い、梶山陣営から離れて、勝ち馬の小渕陣営にいく場面も多く目撃した。

菅も、総裁選に出馬する梶山を応援するために平成研究会を退会した。菅は、平成研究会の派閥事務所に行き、事務総長を務める西田司《にしだまもる》に会った。

「梶山さんの選挙をやりますから」

菅はそう言って、西田に辞表を提出した。

西田は、辞表を提出しなくてもいい、と引き止めた。が、菅は、けじめをつけなければいけないと派閥を退会した。

当時の平成研究会は、自民党の最大派閥であった。派閥全盛の時代に、当選わずか一回の議員が派閥を離脱することは、かなり勇気のいる行動であった。が、当時の菅にそういった怖れはなかった。菅は、党内における出世欲などなかったために、思い切った行動に踏み切れたという。

一年生議員ながら梶山選対の事務局次長として活動していた菅の動きは、党内からも注目を集めた。

小渕選対では、菅のことが話題になったという。選対会議の中で、小渕派の実力者の一人である野中広務《のなかひろむ》は、派閥を離脱して梶山陣営に馳せ参じた菅のことを名指しで批判した。

「菅だけは、絶対に許さない!」

その選対会議のあと、菅は、親しい当選同期の議員から言われた。

「菅ちゃん、凄いな。みんなの前で、野中さんが名前を出して、菅だけは許せんって言ってたぞ」

菅は、平成研究会の知り合いの議員たちに梶山に投票するように声をかけていた。

野中は、菅のその動きを聞きつけ、それを牽制するために名前を出したのだった。

七月二四日、自民党総裁選がおこなわれた。小渕が二二五票、梶山が一〇二票、小泉純一郎《こいずみじゅんいちろう》が八四票であった。梶山は事前の予測を覆し、大善戦だった。

宏池会入会

自民党幹事長を務めた古賀誠《こがまこと》はこのとき、国会対策委員長であった。梶山が国対委員長を務めた時代、副委員長として汗を流した経験を持つ。梶山躍進の影には古賀の弟子筋に当たる野田聖子らの努力もあったという。

総裁選後、梶山は古賀の元を訪れた。

「菅君は、派を割ってまでおれの選挙を支えてくれた。悪いが、今後の処遇に関しては彼の頼みを聞いてやってくれないか。どこか常任委員会に入れて、できれば、理事にしてやってほしい」

古賀は即答した。

「どうぞ、お任せください」

古賀は国対委員長の権限で菅を運輸委員会理事に指名した。「菅義偉」という名前が古賀の記憶の端に上ったのは、梶山からの要望があったからだ。

梶山は、自分とともに派閥を飛び出した菅のことを心配して言っていた。

「お前、平成研究会に戻れ。おれが頼んでやるから」

しかし、菅にも意地があった。

「でも、一回出たところに帰れないですよ」

梶山は、諭すように言った。

「だけど、一年生だからな。ずっと、このままってわけにもいかないだろう」

そこからしばらく、菅は無派閥で活動する。古賀は菅が党内で動きやすいようにと場合に応じて手伝った。あくまで「個人的に」である。派を飛び出してまで梶山を応援した菅への「恩返し」の意味もあった。

そうこうしているうちに菅の人となりがだんだんわかってくる。古賀は「なるほど」と感じ入った。

〈さすがに梶山さんが買っているだけのことはある。菅ちゃんは、なかなかの侍じゃないか。

梶山さんをなぜ推したのかはわからない。政策なのか、哲学なのか。それとも人間性か。いずれにしても梶山さんを支持するだけの度量を感じさせる男だ。なかなかいい根性をしている〉

菅は、無派閥ではあったが、無派閥には苦労がつきものだ。とはいえ、それは菅の想像をはるかに超えていた。人事は派閥中心に動く。情報は入ってこない。党からの資金も配られず、幹事長に直訴したこともあった。

「私のいる派に来ないか」

古賀は、菅に宏池会《こうちかい》への入会をすすめた。菅は応じて、当時の宏池会（加藤派）に加わる。

〝加藤の乱〟の蹉跌

菅の宏池会入会後の平成一二年（二〇〇〇年）一一月、加藤派に激震が襲った。「加藤の乱」である。元幹事長の加藤紘一が盟友・山崎拓《やまさきたく》と結託し、森喜朗内閣の打倒に立ちあがったのだ。衆議院本会議で野党が内閣不信任案提出の構えを見せると、加藤派・山崎派は連携して賛成で呼応しようとした。

当時、衆議院の定数は四八〇。与党である自民・公明両党の議席は二七二に達しており、過半数を三一人上回っていた。だが、加藤派（四五人）と山崎派（一九人）が造反すれば、不信任案は可決されてしまう。森内閣は総辞職か解散を選ぶしかない。政局は加藤派の自民党離脱、その後の政界再編成を含んで緊迫した。

加藤派は不信任への対応をめぐって紛糾の末、分裂する。幹事長の野中広務らによる締め付けもじわりと効いてきていた。菅はこのとき、加藤を支持する。

菅は森内閣に対して危機感を強く感じていた。

菅は、選挙区の後援会の幹部を集めて、自らの信念について説明していた。

「私は不信任案に賛成します。党の決定に反しますから、離党させられるかもしれません」

後援会幹部たちからも、さまざまな意見が出た。

「自民党にいた方がいい」

だが、菅は信念に基づき説明した。

「政治家の使命ですから、大変申し訳ないけど、やらせてください」

衆議院本会議での内閣不信任案の採決前日の平成一二年一一月一九日夜八時、加藤紘一に最後までついていくと決めた議員たちは、宏池会の事務所がある自転車会館に集められた。

加藤に従い、不信任案に賛成するつもりだった菅もそこに参加していた。

檀上では、加藤が今回の採決では賛成ではなく棄権にするように説明していた。

「申しわけないが、今回はやめる。跳ねたりはしないで、棄権にしてくれ」

集まった議員たちは、撤退を意味する加藤の言葉にホッとしているようであった。

が、菅は違った。

菅は、挙手をして発言を求めた。

「行きましょうよ。ここまで来て、行かなきゃ国民に見離されますよ。勝ったって、負けたって関係ないから、戦いましょうよ」

菅は、はっきりと主戦論を唱えた。加藤が行くなら、一人だけでもついていくつもりだった。石原伸晃《いしはらのぶてる》も、菅の意見に賛同してくれた。

「菅さんの言う通りだ」

すると、加藤派の川崎二郎《かわさきじろう》が弁解に立った。

「今回は、加藤と山崎(拓)の合作だった。それで、山崎は自分の派閥をちゃんとまとめてくれた。だけど、加藤はまとめきれなかった。この状況で、こちらだけ不信任案に賛成したら、山崎派の人たちが敵前逃亡をしたように思われてしまう。本来はこっちがまとまらなかったのが原因なのに」

その後、午後九時半よりホテルオークラ東京の宴会場「コンチネンタルルーム」で、加藤派と山崎派の議員が集まった。報道関係者も二〇〇人以上が押しかけた。

途中、加藤と山崎の二人が、単独で議場で不信任票を投じに行くと発言した。

しかし、宣言して本会議場に向かおうとする加藤の肩を谷垣禎一がつかみ、涙ながらに懸命に慰留した。

「加藤先生、あなたは大将なんだから！　独りで突撃なんて、ダメですよ！　加藤先生が動く時は、俺たちだって動くんだから！」

結局、加藤派、山崎派は全員で欠席することを確認し、残った議員での派閥の結束力を確認した。

菅はそのテレビカメラの入った場面に同席していたが、決断力のない加藤の姿に失望し、とうていテレビカメラに映る気にはなれず、部屋の一番後ろの席に座り、しらけきっていた。

〈総理の首を取るというから、命懸けでやっているのに……〉

加藤は、この政局に敗れたことによって、政治力を急速に低下させていった。

梶山静六の総裁選、加藤の乱の二つの政局を体験し、菅は、政治家として鍛えられたという。多くの自民党の政治家が、口だけで実際に決断せずに派閥の言うことに唯々諾々と従うさまを見ていた。

菅は思っていた。

〈総理大臣を決めるのに、派閥の意向に従うのは政治家じゃない。政治家だったら、自らが判断するべきだ〉

加藤の乱のあと、宏池会は加藤派と堀内光雄《ほりうちみつお》の率いる堀内派に分裂する。決断できなかった加藤に失望した菅は、堀内派に入会した。

安倍晋三との邂逅

当選二期目の菅は、平成一四年（二〇〇二年）自民党総務会の場で、北朝鮮に対する制裁について発言するようになっていた。

日本には拉致問題を抱えながらも北朝鮮に対する制裁措置がなく、相変わらず日本からのコメ支援が実施され、北朝鮮の貨客船「万景峰号」は一年間に一五回前後も新潟港に入港する有り様だった。

菅は、素直におかしいと思った。

〈日本人を拉致するような国の船の入港を止める法律がないなんて……〉

入港を止める止めないという話は別として、政治の判断で止めることのできる法律は国家として整備すべきだと考えた。

それが、自民党総務会での発言となる。

「自立した国は、少なくとも入港を止めることのできる法律をつくるべきだ」

菅は、強く主張した。

その後、菅、河野太郎、水野賢一《みずのけんいち》、増原義剛《ますはらよしたけ》各衆院議員と小林温《こばやしゆたか》、山本一太《やまもといちた》各参院議員のメンバーで北朝鮮への制裁をつくる勉強会「対北朝鮮外交カードを考える会」を立ち上げた。

平成一五年（二〇〇三年）二月七日には、外国為替法改正案と特定外国船舶入港禁止法案（仮称）の骨子をまとめた。北朝鮮への送金停止と、北朝鮮の万景峰号の日本への入港停止をにらんだ法案で、議員立法での提案をめざした。

そこへ、九〇年代後半から拉致問題に取り組んできた小泉内閣の官房副長官の安倍晋三が、菅の発言を知って声をかけ、「全面的に協力したい」と申し出るのである。これが、菅と安倍を引き付けるきっかけだった。

二人の境遇は、対照的である。

安倍の祖父は岸信介《きしのぶすけ》元総理、大叔父は佐藤栄作《さとうえいさく》元総理、父は安倍晋太郎《あべしんたろう》元外務大臣という政界の名門一家出である。

以前から安倍は、主権侵害である北朝鮮拉致問題に熱心に取り組んでおり、拉致された人たちを一人残らず必ず取り戻そうと地道に活動する姿に、菅は驚かされるばかりだった。

〈国民のことを、これだけ考えている政治家に出会ったことはない……〉

それほど安倍との出会いは、鮮烈なものだった。

〈国家観があり非常に魅力的な人だ。こういう人を、いつか総理大臣にしたい〉

それから数カ月後、安倍は小泉と平壌《ピョンヤン》に行き、メディアでも注目される政治家になった。

それ以来、ずっと安倍とともに歩んできた菅は、いつしか安倍の側近とまで言われるようになった。

その後、菅は、自民党拉致問題対策本部「対北朝鮮経済制裁シミュレーションチーム」の座長として、万景峰号の入港を禁止させるとともに、上層部にしか届かない高級品や送金の禁止を実現させるのである。

巨大官庁・総務省を掌握

平成一七年（二〇〇五年）一〇月三一日、小泉純一郎総理は、内閣改造をおこない、第三次小泉改造内閣を発足させた。

小泉総理率いる自民党は、この一カ月前におこなわれた衆院選で、郵政民営化を訴え、大勝していた。この内閣改造は、その選挙での論功行賞的な意味合いが強いものだった。

この改造で、竹中平蔵《たけなかへいぞう》は、これまで担当していた経済財政担当大臣から離れ、総務大臣と郵政民営化担当大臣に就任することになった。

この時に、総務副大臣に就任したのが、菅義偉であった。

平成一三年一月におこなわれた省庁再編で発足した総務省は、霞が関きっての巨大官庁だ。

地方行財政・消防・選挙制度などを所管する自治省、郵便事業や放送・通信行政などを所管する郵政省、各行政機関の運営や監察、国勢調査等に関連する業務をおこなう総務庁の二省一庁の統合により発足した。そのため、その所管業務は膨大にあった。大臣一人ですべてを把握するのは、不可能なほどであった。

省庁再編以来、総務大臣のポストは、閣内において非常に重要なポストになっていた。総務省発足以降は、参議院幹事長を務めた橋本派重鎮の片山虎之助《かたやまとらのすけ》、当時の総裁候補の一人でのちに総理大臣になる麻生太郎と自民党内の実力者が就任していた。

ちなみにこの時、小泉総理は、自民党総裁の任期が切れる平成一八年九月までを総理の在任期間と考えているようであった。そのため、小泉内閣の余命も明らかであった。

竹中の総務大臣としての在任期間も、一一カ月あまりになることが予想されていた。

竹中は思った。

〈総務省という巨大な官庁において、自分がわずか一年でできることは、そんなにないだろう。郵政民営化の仕上げに取り組むこと以外は、未来に向けて改革の種を蒔くような気持ちでやるしかないな〉

小泉総理が竹中を総務大臣に配した人事の意図は明白であった。それは衆議院を解散してまで、宿願をかなえた郵政民営化を完成させることであった。

郵政民営化法案は、竹中が総務大臣に就任する直前の平成一七年一〇月一四日に衆院選後に招集された特別国会で賛成多数で可決され成立していた。総務大臣に就任する竹中には、郵政民営化をうまく軌道に乗せる役割が期待されていたのである。

また、それ以外にも、総務省の抱えるテーマは多岐にわたるものであった。

国と地方公共団体に関する行財政システムに関する三つの改革である「国庫補助負担金の廃止・縮減」、「税財源の移譲」、「地方交付税の一体的な見直し」の三位一体の改革をいかに効率的におこなうべきか、通信と放送の融合をどのように進めていくかなども非常に重要なテーマであった。

そういう難しい状況の中で、竹中の右腕として、非常に頼りになったのが、副大臣の菅であった。

竹中は、菅には、総務省の内部を把握するように頼んでいた。

「私のような立場の大臣で、しかも一年という限られた期間ではやれることは限られます。だから、菅さんには、総務省の内部について把握してもらいたいのでお願いできませんか?」

菅は、竹中の要望を受けて、複雑な総務省内部の把握や国会対策などに尽力した。

竹中は、菅の仕事ぶりを間近で見て思った。

〈菅さんは、選挙に強いだけでなく、政治家としての強さも持っているな。実に頼もしい〉

自治省、郵政省、総務庁の二省一庁による統合で発足した総務省は、伏魔殿的なところがあった。大臣をサポートする秘書官も、自治省、郵政省、総務庁出身の秘書官がそれぞれ一人ずつ配置され三人もいた。総務省には、統合して日が浅いこともあり、省内の一体感もなかった。出身官庁ごとに派閥があり、次の事務次官をどこの省庁が出すのか、あのポストはどこの官庁が取るのか、などといった人事上の争いは絶えなかった。そのため、総務省内部の把握については、副大臣の菅に力を奮ってもらっていた。

当時、竹中は郵政の懇談会の立ち上げや、通信と放送の融合時代における情報通信政策の在り方を幅広く討議するための懇談会や、三位一体改革後の地方分権の具体的な姿を描き、それを実現する抜本的な改革案を議論するための「地方分権21世紀ビジョン懇談会」の立ち上げなどに忙殺されていたため、菅に中心になって動いてもらう案件も多かった。

菅は、総務副大臣時代も、けっして表だってスタンドプレイに走るようなことはなかった。国会答弁でも、大臣である竹中の意向を常に尊重し、副大臣として竹中を立てる答弁に徹してくれていた。

竹中は、その時から思っていた。

〈菅さんは、自分を無理に大きく見せるようなことがない政治家だな。本当の強さを持っているから、マスコミに出たがったり、無理に目立とうと思わないんだろうな。これはやはり本当に力があるからだろう〉

竹中は、菅にかなりの権限を与え、国会対策などを中心に取り組んでいた。

菅は、この時、官僚主導で政治が進んでいくことに危機感を覚えていた。例えば、税制では、総務省の関連する税制について、担当の官僚は、総務大臣の了解すらとらずに自民党の党税調と調整をしていた。

菅は副大臣時代に、官僚を注意した。

「誰の判断でやってるんだ。総務大臣が決めることになってるんだから、少なくとも了解を取るべきだろう」

官僚は、大臣ではなく、自民党内の税調幹部や族議員ばかりを向いていた。

一本釣り

元総務事務次官で、菅官房長官の懐刀と言われる松田隆利《まつだたかとし》は内閣府大臣補佐官を務めた。

松田は、京都大学法学部を卒業し、総務省の前身である総理府行政管理庁に入庁した。行政管理庁は、政府部内における組織管理の責任部局として各省庁の機構・定員の管理をおこなうとともに、行政改革の企画・推進を担当する組織である。

昭和五六年、鈴木善幸《すずきぜんこう》内閣が掲げた「増税なき財政再建」を達成すべく第二次臨時行政調査会が発足された。会長を務めた土光敏夫《どこうとしお》の名前から「土光臨調」とも呼ばれたこの調査会は、高度成長から安定成長に移る中で国鉄、電電公社、専売公社という三公社について「民営化」の方針を掲げギアチェンジを図っていこうというものであった。松田は企画担当補佐として土光臨調を担当することになり、以来、総務省行政管理局長や中央省庁等改革推進本部事務局次長などを歴任し、国家行政の改革に従事するようになる。

常に政権近くで仕事をしていることから、自民党の政治家たちとの付き合いも自然と増えていった。

平成一七年三月、自民党有志でつくる「社会保険庁を解体し新しいシステムを創る会」が発足した。会長には社労族でもある自見庄三郎《じみしょうざぶろう》、事務局長には菅義偉がそれぞれ就任した。

その後、松田のもとに、菅から連絡が入った。

「独立行政法人制度について知りたいので、教えてくれないか」

松田はさっそく菅の「創る会」の打ち合わせの場に説明に向かった。

のちに松田が総務事務次官に就任するまで、菅とはこの一回きりしか会ったことはなかった。

平成一八年（二〇〇六年）一月、国民年金など公的年金保険料の納付記録漏れ問題が発覚した。五〇〇〇万件という数字とともに国民の大きな怒りを買い、三月には社会保険庁改革関連法案が提出された。

松田は思った。

〈菅さんは、もう一年近く前のあの時には、社会保険庁の始末のことを考えていたのかも知れないな〉

平成一八年、総務省の林省吾《はやししょうご》事務次官の退任にあたり、後任者が選ばれることになった。

総務事務次官候補となっていた行政改革推進本部の松田隆利事務局長が挨拶に来た時、二橋《ふたはし》正弘《まさひろ》官房副長官が言った。

「おまえのことは、歴代総務大臣が反対しているぞ」

総務省は平成一三年一月に設置された新しい省である。歴代総務大臣といっても、竹中平蔵の前は、麻生太郎と片山虎之助しかいない。要するに二橋は、松田が事務次官になる望みは薄いと言いたかったのだろう。

もっとも松田は最初から期待などしていなかった。土光臨調から始まって中曽根行政改革、中央省庁再編、小泉構造改革など、時の内閣による改革をずっと担当してきた。いわば嫌われ役であり、そのお先棒をかつぐ政治家からも拒否されるような立場にあった。

平成一八年六月、総務事務次官人事が発表され、行政改革推進本部の松田の就任が決まった。松田は報せを受けて驚いた。まさか、自分が選ばれるとは思っていなかった。

この人事については、竹中総務大臣、菅総務副大臣の二人で話し合った結果、「よし、松田にしよう」と意見が一致したのだという。特に強力に松田を推薦したのは、わずか一回しか面識のない菅であった。

総務大臣

ポスト小泉純一郎を選出する平成一八年九月の自民党総裁選挙。この年、菅は派閥横断の「再チャレンジ支援議員連盟」の旗揚げに中心的な役割を果たしている。この議連は小泉構造改革の路線は踏襲しながらも、機会平等の観点から失敗した人でも「再チャレンジ」できる社会を実現する政策を議論するものだ。だが、本来の目的は別のところにあった。安倍の対抗馬としてベテラン層に支持が広がりつつあった福田康夫を牽制し、「安倍総裁」を実現するために結成された議連といっても過言ではない。

世代交代を特色づけるために、参加者を衆議院議員は当選六回以下、参議院議員は二回以下に限った。設立総会には九四人の議員が結集。山本有二《やまもとゆうじ》が会長、菅は幹事長に就任している。

「派閥の了解のもとに議連に参画した人は一人もいない。その思いは、きちんと広げていく必要がある」

菅はそう言い切った。

菅らの尽力もあり、安倍は総裁選で四六四票を集め圧勝。二位の麻生太郎は一三六票、三位の谷垣禎一は一〇二票だった。

平成一八年九月二六日、第一次安倍晋三内閣が発足した。再チャレンジ議員連盟を立ち上げるなど、安倍総理の誕生の立役者の一人として活躍した菅は、総務大臣に就任した。当選回数はまだ四回、異例の大抜擢であった。

菅は就任直後、古賀に電話を掛けた。

「おかげさまで総務大臣に就くことができました」

総務大臣に就任した菅には、優先して成立させたい法案があった。地方分権改革推進法だ。菅が横浜市議時代に、国政への挑戦を志した動機も、国のさまざまな制度の壁を打ち壊そうという強い思いだった。

菅は以前から思っていた。

〈地方分権を進めて、市町村が独自に政策を決定し、実行できるようにしなければ、市民のニーズに応えることができない〉

菅の横浜市議時代、横浜市は、人口が急増していた。そのため、待機児童の数が増え続け、保育所の設置が大きな課題になっていた。

が、国の補助基準は、全国一律のため、土地の値段が坪一〇〇万円もする横浜市も、五万円もしない菅の出身の秋田県の田舎も同じであった。施設についても、国によって細かく定められていた。結果的に、地価の高い横浜市では、広い面積の土地を確保することは難しく、国の基準を満たせないために補助金を受けられず、保育所の建設は思うように増やすことができなかった。

そういった地方の問題をつぶさに見てきた菅は、強く思っていた。

〈生活に密着するような身近な課題は、全国画一的に決めるのではなく、地方自治体に任せるべきだ。地域がそれぞれの魅力を活かし、特徴に合わせて街づくりをするためには、権限とともに税源と財源を移譲する地方分権を進めなければいけない〉

菅は、大臣就任後すぐに、地方分権改革推進法案を第一次安倍内閣発足とともに招集された臨時国会に提出することを決意した。

〈地方分権を推進するために、なんとしてもこの法案に取り組もう〉

菅は、すぐに総務省の官僚に法案について相談してみた。すると、官僚の説明はつれないものだった。

「臨時国会は小泉政権からの継続法案だけで、官邸は新規法案を提出しない方針です」

そもそも法案整備のための時間もないため、官僚は明らかに諦めムードであった。

だが、菅は諦めなかった。組閣の翌日の九月二七日、午後二時からの臨時閣議が始まる直前の午後一時四七分、安倍総理に面会し、直談判におよんだ。

菅は、安倍に訴えた。

「総理も常々おっしゃっているように、地方の活力なくして国の活力なしです。地方が元気になる政策は日本国民全体の願いではないでしょうか。安倍内閣としても、地方分権を全力で進めるという強いメッセージを国民へ示す意味でも、今国会に提出させてください。法案は必ず成立させます。総論ですから野党も絶対に反対できません」

菅の説明を聞き、安倍総理もすぐに理解してくれた。

「わかりました。この臨時国会でなんとか成立させましょう」

こうして、安倍総理の了解を得て、就任したばかりの菅は、この法案の成立に全力を尽くした。スケジュールは、非常にタイトだったが、安倍総理の同意を得た以上はなんとしても成立させなくてはいけない。

最初は諦めムードだった官僚たちも、重い腰をあげて、法案成立に向けた準備に取り組んでくれるようになっていった。

菅が安倍総理に直談判してから一カ月後の一〇月二七日、地方分権改革推進法は閣議決定され、臨時国会に提出された。その後、法案は一一月二八日に衆議院本会議で可決、参議院院本会議でも一二月八日に可決され、成立した。

法案の成立を受けて、一二月一五日、安倍総理が午前の閣議で、菅総務大臣に地方分権担当大臣を兼務させる辞令を発し、菅は地方分権担当大臣も兼ねることになった。

菅にとっては、地方分権を推進する長年の思いの実現にとって、大きな一歩となった法律はこうして成立したのだった。

「本気でNHK改革をやる」

NHK受信料は年間一万六一四〇円。衛星受信料も含めると年間二万七四八〇円かかる。衛星放送がスタートした平成元年と比較してみると、地上派、衛星ともに年間四〇〇〇円以上値上がりしていた。庶民の金銭感覚としては、ずいぶん割高感があった。

また、NHKの受信料を実際に支払っていたのは三二〇〇万人にとどまり、約一〇〇〇万人が支払っていなかった。これでは受信料を払っている人が、払わない人の分まで負担していることになる。

菅総務大臣はこの不公平を是正するため、受信料の支払い義務化と同時に、受信料の二割値下げを提案した。

タブーに近かった受信料の値下げを口にした政治家は、菅が初めてであった。

NHKの橋本元一《はしもとげんいち》会長（当時）がこれに難色を示し、放送法改正案の国会提出が行き詰まった平成一九年（二〇〇七年）一月二八日、菅は、NHK改革に絡んで、課長を更迭した。きっかけは、総務省でおこなわれている新聞社の論説委員と官僚が法案の内容や政策の方針について意見交換する論説懇であった。

その論説懇の席で、ＮＨＫを担当している課長がこう発言していた。

「菅大臣はそういうことをおっしゃっていますが、自民党内にはいろんな考え方の人もいますし、そう簡単ではない。どうなるかわかりません」

この発言を聞いた菅の知人の論説委員から、菅の元に連絡が来た。

「菅さん、大丈夫？」

菅は、すぐに懇談の議事録を確認した。すると、はっきりとその課長の発言が残されていた。しかも、ＮＨＫ改革が簡単か難しいかどうか訊かれてもいないのに、わざわざ自分から見解を述べた発言であった。

課長の発言は、官僚の域を超えていた。

菅は、すぐに動いた。

「論説委員の質問に答えるならいいが、質問もされていないのに一課長が勝手に自分の思いで発言するのは許せない。担当課長を代える」

だが、総務省の幹部は抵抗した。

「任期の途中で交代させると、マスコミに書かれて、大問題になりますよ」

「構わない。おれの決意を示すためにやるんだ。本気でＮＨＫ改革をやる、ということを示すためだ」

「課長職はそのままにして、ＮＨＫ改革の担当者を上司に替えることで了解してもらえないでしょうか」

「ダメだ」

「大騒ぎになり、結果的に大臣にご迷惑をおかけしてしまいますが……」

「いいから、替えるんだ。ＮＨＫ改革に対する私の意志だ」

菅は押し切った。

実際に、マスコミからはバッシングを浴びた。ナチスドイツでプロパガンダを一手に担った人物を引き合いに出して、「安倍政権のゲッベルス」などと書きたてられた。

だが、この人事によって省内には緊張感が生まれ、一丸となってＮＨＫ改革に取り組むことができた。

その後、菅は総務大臣を退任する際、更迭した課長を本省に戻した。

このようなことはよくあることだが、ＮＨＫを応援する片山虎之助元総務大臣は事務次官の松田に課長交代をなぜ止めなかったのかと叱責した。

ＮＨＫでは橋本会長以下、改革に対して反対の声が大きく、組合も強かった。また報道機関であることも手伝って早期実現は困難と判断された。

平成一九年三月一九日、政府与党は平成二〇年実施を目指していたＮＨＫ受信料の支払い義務化を先送りする方針を固めた。

とはいえ、菅が最初の方向性をつけたという点で意味はあった。

平成二三年一〇月末、ＮＨＫは平成二四〜二六年の経営計画の中で、受信料の値下げを発表。口座・クレジット払いで受信料の約九％となる年間一四四〇円、継続振込支払いで年間八四〇円の値下げが実現した。

受信料の値下げはＮＨＫの歴史で初めてのこととなった。

政治案件「日本郵政社長」人事

平成一九年一〇月の郵政の民営化会社発足の前は、日本郵政公社と民営化準備会社である日本郵政株式会社が並存していた。日本郵政公社の生田《いくた》正治《まさはる》総裁の任期は、三月までだったが、官僚や郵政の関係者は、「できるだけ民営化に歯止めをかけたい」という思惑からか、日本郵政公社の生田総裁にできるだけ長くとどまってもらうことで意見がまとまっていた。生田総裁も意欲を示していた。

これに待ったをかけたのが、菅総務大臣であった。

「民営化をスムーズに進めるには、民営化準備会社である日本郵政株式会社社長の西川善文《にしかわよしふみ》氏が郵政公社総裁になるべきだ」

二重権力構造にならないよう、一〇月以降に日本郵政社長となることが決まっていた西川に一本化しようというものだ。

ところが生田は民営化直前まで続けるつもりだった。

そこで平成一九年二月二二日、菅は、生田を膝詰めで説得した。

おそらく生田も菅に粘り腰で来られて、「うん」と言わざるを得なくなったのだろう。

菅は決して感情的になったり、怒り出したりということはない。導き出したい結論が出るまで辛抱強く持っていく。やはり、苦労をした若い時の経験がそうさせているのだろう。

「誰の権限で決めたのか」

小渕内閣の野中広務官房長官のもとで官房副長官として支えた鈴木宗男が政治家・菅義偉の言動で評価するのは、菅が官房長官時代に財政破綻《はたん》した北海道夕張市に向けられた一言だ。

「『最後は国が面倒みてくれるんだろ』という甘えがあって、ここまできた」

平成一八年、平成一九年度中の財政再建団体を申請する方針を表明していた。世論もどちらかといえば同情的だった。

財政破綻を招きながらも、夕張市は職員に前年より多くボーナスを支給する意向を示す。

菅はこのタイミングで「無責任な労使の馴れ合い」を指摘する。日本中が「夕張、頑張れ」一色に染まろうかという中、勇気のいる発言だっただろう。

〈これは見事だ。菅さんは筋を通そうとしている〉

鈴木は菅の発言に信念を感じた。光るところのある政治家だと見直す契機にもなっている。

平成一九年三月、菅は、総務官僚が大臣など政務三役に相談することなく、特別交付税の配分額を事前に国会議員に伝達していたことに、怒りを露わにした。

「誰の権限で決めたのか」

特別交付税は、自然災害などの緊急の財政需要に対して財源不足を補うために地方自治体に交付される。額は地方交付税の総額の六%で、平成一九年は九〇〇〇億円あまりであった。

自治系統の最大の権限は、交付税の配分である。そのほとんどは法律に基づいて計算されて配分が決まるが、特別交付税はある程度自由に配分されていた。

菅は大臣の許可も得ずに官僚が勝手に決めていた従来の慣行に、「それはおかしい」とストップをかけた。

菅は普段、穏やかな性格である。が、こうした「やらねばならない」事態になると、断固としてやり遂げる。

「ふるさと納税」の着眼点

菅は、総務大臣の在任中、ＮＨＫの国際放送の準備や地方分権を推進するために、各分野で先進的な取り組みをしているイギリスやドイツ、フランスを歴訪した。

平成一九年五月一日、フランスを訪問していた菅は、パリ市内での同行記者団との懇談で、地方税である個人住民税の一部を、生まれ故郷に納めることを選択できるふるさと納税制度創設に向け研究会を発足させる方針を表明した。

菅は記者団に語った。

「高校まで地方で育ち、いよいよ納税するときは都会に出て行く。福祉や教育のコストは地方が負担している」

また、多くの地方出身の都市生活者にも制度創設を求める声があることを強調して、語った。

「自分を育ててくれた故郷に少しでも恩返しをしたい思いの人もたくさんいる」

菅が表明したふるさと納税制度は、その場の思いつきではなかった。

実は、菅が横浜市議時代から長い間温めてきた構想だった。菅は、国会議員になってからも、官僚やマスコミ関係者と税について議論する際に話題にしていた。

子どもは生まれてから高校卒業までに、福祉や教育など地方自治体から多くの行政サービスを受けている。それから先、都会で就職し、納税する。地方が人材に投資した恩恵は、大部分が都市部の自治体が受けているという面がある。総務省の試算では、子供が誕生してから高校卒業までに地方自治体が負担する公費は約一六〇〇万円にものぼる。

菅自身も、高校まで秋田県で育ったものの、働き初めてから税金を納めたのは、東京や横浜であった。

菅はずっと思っていた。

〈自分を育ててくれて、親が生活しているふるさとに、なんらかの形で恩返ししたいと思っている地方出身者はたくさんいる。日本全国をふるさとという絆で結びたい。それを実現する方法はないだろうか〉

個人住民税の一部を居住地以外のふるさとに納めるという構想もその一つだった。平成一九年度の個人住民税は総額で約一二兆円。その上限を一割とすると、最大で一兆二〇〇〇億円が「ふるさと」に納められる計算になる。財源に乏しく、どんどん衰退していく地方にとって、活性化の手助けとなると菅は考えていた。

だが、菅が官僚にこの構想について、話したとき、大反対を受けた。

「住民税は、居住している場所での行政サービスの対価です。そんなことをすれば受益者負担の原則に反しますし、税の根幹を揺るがすことになります」

住民税を払うことで、住民は警察、消防、ごみ処理などの行政サービスを受けることができるという応益負担の原則を侵すという主張だった。

官僚たちの反対は強かった。

「ふるさととはどこを指すのですか。生まれ育った場所の人もいれば、何回も転居している人もいる。両親の出身地の人もいる。何をもって、ふるさととするのですか」

検討の余地すらないかのような反論だった。だが、菅は退かなかった。

彼らと侃々諤々《かんかんがくがく》の議論を重ねながら、菅は訴えた。

「現在の税制は、戦後間もない頃に導入されたシャウプ税制だろう。当時と今では平均寿命はどれくらい違うんだ。二〇歳も違うぞ。当時は今のように移動したか。新幹線も飛行場も整備されていなかったぞ。まして週休二日制なんかあり得なかっただろう。みんなその日を生きるために働き詰めではなかったのか。時代はどんどん変わり、ライフスタイルも予想もされないほどに変わっただろう。人生における受益と負担という考えもあっていいのではないか。シャウプ税制がそんなに大事なのか」

そう菅が諭しても、官僚は反論してきた。

「とはいえ、受益者負担の原則が、税の根幹を揺るがします……」

菅も譲らなかった。

「例えば都会の住民が週末や休みに地方へ釣りに行って、ゴミを捨てたとする。その処理費用は誰が払うんだ。地方だろう」

「でも、ふるさとの定義ができない。法制上も難しい」

理由を並べて抵抗する官僚を諭すように菅は語った。

「ふるさとを限定、固定化する必要はない。自分が生まれたところや、初めての赴任先、よく遊びに行くところや、思い出の場所など、その人にとってここがふるさと、と思う地域ならばどこだっていい。納税する年度によって違っても構わない」

菅は強い決意を示した。

「絶対にやるぞ。どうしたらできるか、その方策を探るための研究会を立ち上げる」

官僚は、前例のない事柄について、最初は抵抗を示して、思い留まらせようとする。が、それでもやらなくてはならないと決まると、一転して、推進のための強力な味方になる。強力な味方にするまでが勝負である。

ふるさと納税研究会の座長には、千葉商科大学で学長を務める島田晴雄《しまだはるお》に就任してもらい、他にも、福井県知事の西川一誠《にしかわかずみ》や千葉県市川市の千葉光行《ちばみつゆき》市長らによって、議論や検討が繰り返された。住民税を分割する方式ではなく、寄付金税制にすることで、受益者負担の原則や課税権、租税の強制性などの課題がクリアされる、との可能性が示された。

菅は、寄付金税制についても当初から並行して検討していたので、まったく異論はなかった。

重要なのは、ふるさとに対して自らの意志で納税し、それを自治体が有効に使う道すじを開くことであった。

第一回の会合は、平成一九年六月一日におこなわれ、一〇月五日までに計九回の会合がおこなわれ、報告書が発表された。

報告書の内容は、寄付金控除の対象とする制度を創設し、ふるさとに貢献または、応援したいという納税者の思いを実現する観点から、個人住民税の地方自治体に対する寄付金税制を大幅に拡充し、所得税と合わせて一定限度まで全額を控除するというものだった。

菅の思い描いていたような結論であった。

「ふるさと納税」は、その後、「地方税法等の一部を改正する法律案」として国会に提出され、平成二〇年（二〇〇八年）四月三〇日に成立した。

菅の強い思いによって、「ふるさと納税」制度はその後も、活用され続けている。

平成二二年四月、宮崎県では口蹄疫による被害が発生した。宮崎県に全国から寄付金や義援金が寄せられた。この時、大いに活用されたのが「ふるさと納税」だった。宮崎県に寄付された「ふるさと納税」は、総額で一億五六二五万二六一〇円にものぼった。

東日本大震災でも復興に役立ててほしいと、全国から「ふるさと納税」制度を活用して支援が寄せられた。被災した岩手、宮城、福島の三県への寄付で「ふるさと納税」の対象になるものは、四〇〇〇億円を超えるという。

年金記録問題――社保庁解体へ

第一次安倍晋三内閣において、問題になったのが、社会保険庁の年金記録問題であった。菅は、総務大臣として、この問題に取り組むことになった。

社会保険庁では、複数の番号に分散した年金の記録をひとつの基礎年金番号に統合する作業を進めていて、それと並行してオンライン化される前の年金記録を入力する作業を進めていた。が、その作業がずさんであった。そのため、基礎年金番号に統合されていない年金記録が約五〇九五万件もあることが平成一九年二月に判明し、持ち主がわからなくなったものは「宙に浮いた年金記録」と呼ばれ、大きな社会問題となった。

さらに調査を進めると、それだけでなく、オンライン化されていない年金記録が最大で約一四三〇万件あることも判明した。

当然、これは第一次安倍内閣の最大の政治課題となった。マスコミも連日、この問題を大々的に取り上げた。

この問題の所管は社会保険庁を監督する厚生労働省にあった。そのため、菅は当初は関与していなかった。

だが、ある時、菅は安倍総理に呼ばれて、頼まれた。

「年金記録問題は社会保険庁では解決できない。厚労省は国民の信頼を失っている。総務省には各省庁の行政評価と監視をする機能があるので、総務省でやってもらえませんか」

菅は即断した。

「わかりました。やらせてもらいます」

菅はすぐに作業に取り掛かるように指示を出した。

少子高齢化の時代で、年金は高齢期の生活の大切な支えだ。年金記録問題は、年金制度の根幹を揺るがす事態であった。国民の信頼を失っては、制度としては成り立たない。

菅は、この年金記録問題に臨む際、三つの観点から取り組む必要があると考えていた。

それは、国民の年金記録の回復、このような問題が発生した原因の究明、問題を起こした社会保険庁が適切にその後の業務をしているかの監視の三点だった。

そして、それぞれについて、「年金記録確認第三者委員会」、「年金記録問題検証委員会」、「年金業務・社会保険庁監視等委員会」の三つの委員会を立ち上げることになった。

菅が最も重視したのが、平成一九年六月二二日に設置された「年金記録確認第三者委員会」だった。年金記録が宙に浮いているということは、保険料を納めたのにそれに見合う年金を受け取れないということだ。まじめに年金保険料を納めた人に対して、きちんと年金を給付することは、年金制度の根幹にあたる制度の前提だ。

安倍総理も指示を与えていた。

「年金記録の確認については、ご本人の立場で、申し立てを十分に汲み取り、さまざまな関連資料を検討し、記録訂正に関し公正な判断を下すことを任務とする第三者委員会で、国民の立場に立って対応し、国民の信頼を回復するよう努めてもらいたい」

また、安倍は菅に対して、アドバイスをしてくれた。

「法曹界から誰か起用したほうがいいな。日弁連の会長の梶谷剛《かじたにごう》さんは、成蹊大学の先輩だから、たぶん引き受けてくれると思うよ」

菅は、そのアドバイスを受けて、梶谷に会い、引き受けてもらった。

「第三者委員会」では、総務省がおこなっている行政相談で苦情を受け付け、関係機関にあっせんするという機能を活用することにしていた。その中で、委員会の位置づけを明確にするため、新たに年金記録確認第三者委員会を政令で設置することにした。

「年金記録確認第三者委員会」は、その後、一件一件の申し立てに丁寧な対応を重ね、確実に成果をあげていった。四年間で、一三万件の申し立てを受け付け、約一〇万件の記録を回復した。

また、第三者委員会と同時期の平成一九年六月一四日には、「年金記録問題検証会」も立ち上げた。

検証委員会は、七人のメンバーによって構成され、この問題の再発防止のため、なぜこういう事態が発生したのか、その原因と経緯を事実に沿って検証し、今後に活用することを目的としていた。

検証委員会では、徹底した検証をおこない、その結果出てきた事実はその都度公表し、年金問題の全体像の掌握に大きな成果を挙げていった。

年金問題の不祥事で社会保険庁や厚生労働省は、国民からの信頼を完全に失い、厚生労働省に代わり社会保険庁の業務を監理する機関を置かなければならなくなった。

そこで平成一九年七月二〇日に、総務省内に「年金業務・社会保険庁監視等委員会」を立ち上げることになった。

省庁に対して、他の省庁がチェックし、メスを入れるのは、画期的な事例であった。

菅は、外部の有識者によって構成されるべきだと考え、年金問題について鋭く追及していたジャーナリストの岩瀬達哉《いわせたつや》や、函館大学客員教授の磯村元史《いそむらもとし》もメンバーに加えることにした。

厚生労働省内に事務局を置いたこの委員会は、名寄せをはじめとした社会保険庁の作業の実態をしっかりと把握していった。

その後、社会保険庁は解体され、年金業務は新たに設立された日本年金機構が担うことになった。「年金記録問題検証委員会」の検証結果や、「年金業務・社会保険庁監視等委員会」の知見は、日本年金機構に引き継がれていった。

消えた年金と社保庁労組

安倍総理は、総務省内に年金記録の名寄せや統合の状況を監視する第三者機関「年金業務・社会保険庁監視等委員会」を設置した。

厚生労働省の外に、同省や社会保険庁を監視する事務局が設けられること自体、異例中の異例であった。が、厚生労働省や社会保険庁は、強固な労働組合に対して、これまでずっと年金の管理がずさんだったにもかかわらず、指導がまったくできていなかったため、菅義偉総務大臣がその責務を負うことになった。

社会保険庁は、年金の保険料の使い道を、天下り用の大規模年金保養基地グリーンピア建設や、日常の事務費、もろもろの経費などに充てていった。昭和五五年に年金記録のオンライン化が始まり、その半年後の調査で大量の記録ミスが生じていることが発覚したが、そのまま先送りしてしまった。

このような勝手が許されたのは、社会保険庁の職員が地方事務官であったからである。社会保険庁は、地方支分部局として都道府県単位の社会保険事務局を設置し、その傘下として地域毎に社会保険事務所が置かれていた。これらの地方支分部局はかつて都道府県庁の組織とされていたが、職員の身分は国家公務員であった。これが地方事務官であるが、国家公務員が地方の県庁に勤務しているため、各都道府県知事には人事権がない。社会保険庁労働組合はやりたい放題であり、こうした労務管理のいい加減さが年金の無駄遣いや消えた年金問題へと発展していった。

ここでふたたび厚労省に対処をさせても到底改善は望めない。そのため、安倍総理は総務省のほうで引き取る決断をしたのである。

菅総務大臣は、松田総務事務次官と今後の対処について話し合った。

松田が言った。

「やるとなると大騒動になって、国民から五〇〇〇万件の確認要請がワーッと来るでしょう。それなのに、東京にしか窓口がないので対応できない」

菅が答えた。

「よし、全国に窓口を作らせて、何とか国民の不満が少しでも和らぐよう親切丁寧なやり方を考えよう」

菅はすぐさま全国に窓口を設置させた。が、なにしろ五〇〇〇万件である。現在もなお、四割程度が未解明である。それでもたいへんな成果である。

消えた年金問題は、安倍政権にとって大打撃となった。

自民党幹事長を歴任した中川秀直《なかがわひでなお》は語った。

「社保庁改革案があったため、解体されて非公務員化されれば、いずれ隠していた年金記録問題が明るみに出てしまうので、それならばということで、改革案潰し（自民党潰し）のために社保庁が『自爆テロ』として年金記録問題の情報をリークしたのではないか」

が、結局、年金記録問題は自治労本部と全国社保労組の怠慢が引き起こしたもので、「ミスター年金」こと長妻昭《ながつまあきら》が先頭に立って自民党を批判していた民主党の自爆テロであり、治安を担っていた自民党が責任を負う形となったという。

第一次安倍政権崩壊

平成一九年八月、党内では元防衛庁長官の石破茂《いしばしげる》や前文部科学大臣・小坂憲次《こさかけんじ》らが安倍を前に退陣を要求。党内に安倍降ろしの空気が広がりつつあった。

総裁選で安倍の応援団となった再チャレンジ議連も菅や若手・中堅議員らが都内に集結。約一年ぶりに幹部会を開催した。

「どんな苦境に陥っても一蓮托生で安倍政権を支えていこう」

結束を確かめ合っている。

平成一九年八月、参院選で歴史的惨敗後も続投を決めた安倍は、世論の厳しい批判を浴びながら、ほとんど休みをとらず、過密な外交日程をこなし、元々の持病であった胃腸の調子を悪化させていた。

そんな安倍に追い打ちをかけたのが、政権立て直しをかけた八月二七日の内閣改造でのつまずきだった。わずか一週間後の九月三日に農水相の遠藤武彦《えんどうたけひこ》が辞任。その後も、環境相の鴨下《かもした》一郎《いちろう》らの「政治とカネ」の問題が、連日のように噴き出した。

九月七日には、健康不安を抱えたまま、アジア太平洋経済協力会議（ＡＰＥＣ）首脳会議に向け、オーストラリアのシドニーに旅立ったものの、点滴を受けながら首脳外交をこなすような状態にまでなっていた。

安倍が帰国した九月一〇日の夜、自民党選挙対策総局長の菅は、安倍に近い民間人から電話を受けた。

「総理の体調がひどくて、精神的にも追いつめられている。あなたが会って激励すれば、気を取り直すかもしれない」

菅は、すぐに総理秘書官の井上義行《いのうえよしゆき》に電話し、安倍との面会をとりつけた。

九月一一日午前一〇時四〇分過ぎ、官邸で会った菅は、安倍の身を案じて懇願した。

「週末は、河口湖の別荘で休養してください」

だが、安倍は選挙の責任を感じ、休もうとしなかった。

そして、九月一二日午後二時、緊急記者会見を開いて総理の職を辞することを表明し、翌日、安倍は東京・信濃町の慶応大学病院に入院することになる。

一年前に約六六％の圧倒的得票率で最年少の新総裁として選ばれ、自民党の顔としての期待を一身に背負ったリーダーの寂しい幕切れだった。

菅は、記者からの質問に胸を張って返した。

「時間が経てば、この一年間の安倍総理の実績は必ず評価される」

安倍が国民投票法や教育基本法改正など重要法案を相次いで成立させた実績を強調した。

古賀の温情

平成一九年九月、安倍晋三の突然の政権投げ出しで自民党総裁選がおこなわれることになった。安倍後継は幹事長・麻生太郎が有利かと思われたが、福田康夫が急速に巻き返し、党内の大勢が雪崩を打って福田支持でまとまっていった。

この流れを作った一人が、古賀誠である。菅の所属する古賀派は、古賀誠が福田康夫支持でまとめていた。

古賀派の派閥の総会で、山本幸三《やまもとこうぞう》が発言した。

「会長の意向に派閥は従って一致結束してやるべきだ。それに従わない人は、出て行くべきだ」

菅はこの発言を聞き、手を挙げて発言を求めた。マスコミも入っていたが、菅は気にせず発言した。

「総理大臣を決めるのは政治家個人の判断じゃないですか。会長が方向性を示すのはいいでしょうけど、派閥の会長を総裁にするのならともかく、他の人を総裁にするのにそれは違うんじゃないですか。そんな乱暴なことを言ってはダメですよ」

菅の発言に会場は波を打ったようにシーンとなった。

菅は前に座っている会長の古賀に対して「大変失礼しました」と頭を下げ、総会を後にした。

菅はそういったこともあり、古賀派を退会しようと思った。

古賀は、人心掌握術に長けていた。加藤の乱の後、古賀は、自民党の幹事長に就任するが、加藤を応援した一、二年生議員を集めた席で発言していた。

その時に古賀は、会場の金屏風を見て言った。

「いやあ、金屏風が似合うのは加藤さんだよな」

そのように古賀は、その場にいる議員たちをほろっとさせるようなことを言う。

菅が退会しようと事務所に古賀を訪ねようとしていた時に、なんと古賀が自ら菅の事務所を訪ねてきたではないか。

古賀は、菅を引き留めた。

「菅ちゃん、辞めないで。総裁選の間は違う人を応援しても、そのあと、またいっしょにやろうよ」

古賀の温情で、菅の古賀派残留が決まった。

菅は、派閥会長の了承を得たことで推薦人として名前を出して堂々と麻生を応援した。

菅と麻生はその総裁選まではほとんど付き合いがなかった。推薦人の中でも代表を務めた鳩《はと》山《やまくに》邦夫《お》や選挙責任者に任じられた島村宜伸に比べれば、新参者に過ぎない。

菅が麻生を推した理由は、はっきりしている。民間企業を経営した経験のある麻生の経済政策が必要だと感じていたからだ。

選挙結果は、福田が三三〇票、麻生が一九七票。福田の勝利に終わった。

麻生は、敗れたものの議員票一三二、地方票六五は立派なものだ。外電では「善戦」と報じた社もあった。麻生が菅を重用するようになったのは、この選挙結果がきっかけである。

菅は感じていた。

〈麻生周辺には直言できる人が少ないな〉

麻生が「こうしたい」と示した方針に対し、自分の考えを極力述べるようにした。菅は普段から麻生とはメールのやり取りをし、ざっくばらんに意見交換する間柄である。

福田政権の人事が進められる中、選対委員長として党四役の一角を占めた古賀から、菅に声がかかった。

「おれの下で、選対副委員長をやってくれないか」

異例の人事である。菅は総裁選で麻生の推薦人に名を連ねているのだ。

しかし、古賀は推挙した。

菅は、感謝して、素直にこの申し出を受けた。菅の宏池会入会以前から続く二人の関係は九年が過ぎても何ら変わっていなかった。

古賀の気遣いで菅は選挙対策総局長室をそのまま選対副委員長室として使った。古賀は選対委員長室として新たに別の部屋を造らせている。

リーマンショックと解散戦略

福田康夫総理は、平成二〇年九月一日、午後九時三〇分より緊急記者会見を開催し、退陣を表明した。

その理由として言った。

「国民のために、新しい布陣で政策実現を期してもらいたい」

麻生太郎は、解散をするために総裁に選ばれた。森喜朗―小泉純一郎―安倍晋三―福田康夫と四代続いた清和《せいわ》政策研究会による政権たらい回しの後釜に座ったのは、とにもかくにも「国民的人気」が高く、勝負勘があると見られていたためだ。衆院解散総選挙の流れの中で最高の看板になり得ると、自民党議員や地方組織の多くが信じた。人材の枯渇が著しい自民党では対抗馬は事実上なかったともいえる。

総裁選挙は平成二〇年九月一〇日告示、二二日投開票の日程に決まった。立候補者は麻生のほかに石原伸晃、小池百合子《こいけゆりこ》、石破茂、与謝野馨《よさのかおる》の五人が名乗りを上げた。昭和四七年に総裁選が立候補制度を採用して以来、五人の出馬は最多である。

総裁選候補者は連日、メディアをはしごしながら、選挙戦を戦った。総裁選を通じて世論の支持を集め、解散・総選挙に打って出る。自民党の基本戦略はこのあたりから徐々に崩れ始める。予想したほど、盛り上がらなかったからだ。

告示から五日後の九月一五日、アメリカの老舗証券会社・リーマン・ブラザーズが破綻。リーマンショックの始まりだった。世界を同時に襲ったこの不況の波は、麻生をこの後も悩ませ続けることになる。

熱狂とはほど遠い雰囲気の中、ついに迎えた投票日。麻生はぶっちぎりの三五一票を獲得し、第二三代自由民主党総裁の座を射止めた。次点の与謝野の獲得票数は、六六票。五倍を超える大差だった。

九月二四日、麻生は首班指名選挙で第九二代内閣総理大臣に選ばれた。選対委員長・古賀、副委員長・菅のコンビはそのまま留任。衆議院の解散が最大の課題とみられる麻生内閣で選挙対策の重責を担うことになった。

麻生は、解散する気満々だった。

麻生は当初、一一月二日か九日の解散を念頭に置いていた。

麻生は、一〇月への前倒しも検討するが、すでに一一月で走り始めていた公明党の支持団体・創価学会の反対もあって断念している。

麻生総理は、九月二五日からアメリカに飛んだ。麻生は現地の経済情勢を見て、日本で考えている以上の深刻さであることをすぐに悟った。

帰国した麻生を待っていたのは、解散に向けて敷かれたレールである。だが、麻生の脳裏からアメリカで見た惨状が消えることはなかった。そんな中、助け舟を出したのが、菅だった。菅は麻生に早期解散を思い止まるよう説得したのだ。

選対委員長の古賀誠や菅たちが準備を進めていたスケジュールでは、投票日は一一月二日に設定されていた。だが、国内の景気は予断を許さない情勢にある。菅が恐れていたのは、平成九年の金融システム不安の再現だった。名門・山一證券や都市銀行の雄・北海道拓殖銀行が相次いで破綻。そんな地獄絵図が再現されることになれば、政権への打撃は計り知れない。

〈ここは、もう少し様子を見るべきだ。解散している場合じゃない〉

やがてアメリカで株が一日に一〇〇〇ドル下げ、日本でも一〇〇〇円下がる緊急事態が襲った。アメリカの株は昭和六二年一〇月一九日のブラックマンデーや平成一三年九月一一日のアメリカ同時多発テロ当時よりも下げ幅が大きかった。

菅の杞憂は、現実に変わっていくように思われた。

しばらくすると、自民党中枢にある情報がもたらされた。

「メガバンク二行の経営が、いよいよ危ないらしい」

具体的な行名も上がっている。確度の高い情報だった。

菅が普段から頼りにしている財界人や金融関係者は、口をそろえて言った。

「菅さん、今は解散よりも景気対策をきちんとやってください」

この情勢下でも麻生は何とか解散を模索していた。だが、菅も必死だった。

一〇月一六日、東京・赤坂のANAインターコンチネンタルホテル東京に、菅と麻生、中川《なかがわ》昭一《しょういち》財務相、甘利明《あまりあきら》行革担当相が集まった。

菅はこの年の初めごろから党内で「NASAの会」と呼ばれるグループに加わっていた。会の名は参加者五人の頭文字を取っており、中川昭一、麻生太郎、菅、甘利明、安倍晋三が名を連ねている。この日安倍をのぞいた「NASAの会」のメンバーが集まったわけである。

中国料理店「花梨」で夕食をともにしながら、解散戦略を話し合った。

金融担当相も兼務する中川は、明確に言い切った。

「総理、今は大変な時期です。破綻の瀬戸際にある銀行の名前も出ている。解散は踏みとどまるべきではないでしょうか」

菅も中川に同調し、麻生を説得した。

麻生も解散先送りに傾斜していった。

ついに、最高権力者も折れた。この日を境に麻生政権は解散をめぐる迷走という樹海の中に深くさまよい込んでいく。

〈極めて正しい判断だ。解散を回避できて本当によかった〉

菅は下野《げや》が現実のものとなったのちの時点から振り返っても、このときの麻生の決断に一転の曇りもないと感じている。

人気に目を着けられ、総理総裁に担がれた麻生。だが、内閣支持率は発足直後をピークに下落傾向を変えることはなかった。

「一月三〇日解散説」も流れたが、実現には至らなかった。このときも菅は強硬に反対している。

一一月二日の目が消えてから、麻生は完全に選挙から政策に方向転換をした。菅の目にはそう映っていた。もしかすると、麻生の心のうちでは解散の二文字が埋み火のように静かに残っていたかもしれない。だが、停滞を続ける経済情勢を前にしては、とてもそんなそぶりは見せられなかったのかもしれない。

「臨時国会冒頭解散」を前提に準備をしていた自公両党の議員の中には不満を漏らす者もいた。多くが地元の事務所を賃貸契約して押さえていた。使いもしないのに家賃負担だけがおしかかってくるというのだ。不評を買いながらも、麻生政権は解散を避け続ける。

別の日、菅は古賀にもこう諫言した。

「私たち若手の間では今、『まずは経済政策だ。解散すべきではない』と話し合っています。委員長は、どう思われますか」

古賀はこう答えた。

「それは一つの考え方だな。だけど、経済政策である以上は余程しっかりしたものでないといけない。国民が納得できるだけの実を上げないと、結果として『逃げた』ことになる。諸刃の剣ではあるけれど、一つの考え方には違いない。経済政策をしっかりやれるのなら、おれもそっちがいいと思うよ」

菅は、こう断言していた。

「早期解散すれば、『政権交代』を掲げる民主党を利するだけだ」

平成二一年（二〇〇九年）三月三日、民主党代表・小沢一郎の公設第一秘書・大久保隆規《おおくぼたかのり》が逮捕された。準大手ゼネコン・西松建設から政治団体を迂回して献金を受けていた容疑である。永田町は騒然となった。衆院の任期は半年を残すばかり。そこへきて野党第一党の党首をめぐるスキャンダルが表面化したのだ。

それまで麻生を上回ってきた小沢の世論調査での優位が崩れた。事件の影響である。「今こそ解散だ」。与党内にはそんな声が澎湃《ほうはい》とわき起こってきた。

麻生周辺でも解散時期の検討に入っていた。二一年度予算案は民主党の協力もあり、衆院をすんなりと通過した。だが、平成一八年以来、野党が多数を占めている参議院での審議の行方は不透明だった。

「参院で揉めるようなら、そこで解散だ」

麻生は周囲にそう漏らしていた。投票日は大型連休のさなかになる。

麻生の相談相手である安倍は、四月末に第一次補正予算案を出し、可否を問う形で解散に持ち込む策を上申していた。

菅は、麻生とも安倍とも近い。だが、解散への見通しはその二人とは違っていた。「経済が危機にある」とさんざん言い続けてきたことへの落とし前をどうつけるか。菅が重視したのはこの一点である。景気対策を多く盛り込んだ予算案は参院で審議を終え、成立させなければならない。その上で内閣改造をする。そこでけじめをつけて解散するというのが菅の考えだ。投票日は六月。だが、この案も実行に移されることはなかった。

麻生の頭にも、景気対策は常にあった。四月二日のG20の会合では世界経済の深刻さを実感させられた。各国がGDP（国内総生産）の二％を財政出動することを約束した。日本の場合は一五兆円に上る。空前の規模といえる。

一五兆円という額をたたき出したのは、経済に明るい麻生の政治主導によるものだ。官僚が積み上げた数字は「一〇兆」だった。「これじゃ駄目だ」と突き返し、一五兆が実現した。対策は次第に効いてきていた。「平成二二年の経済成長率は先進諸国の中で日本が最も高い」という観測もIMF（国際通貨基金）から出たほどだ。

〈就任以来、総理は経済対策をしっかりやってこられた。少なくともその効果は見え始めている。「きちんと仕事はやった」と胸を張り、次の体制を示した上で解散をすればいいのではないか〉

菅のこうした思いは一貫しており、麻生とほぼ共通するものだった。唯一違った点は内閣改造・党役員人事を断行するかどうかという点だ。総理周辺でも水面下でさまざまな綱引きがおこなわれていた。

改造と人事について、菅は麻生にたびたび意見を具申してきた。麻生が「またか」と言ったこともあるくらい、執拗なものだった。

「総理、改造・人事を実行すれば、内閣支持率は一〇ポイント上がります」

菅の助言は極めて具体的である。数字にも根拠があった。第一次安倍内閣や福田内閣でも改造・人事によって約一〇％数字を上げた実績がある。支持率低迷にあえぐ麻生内閣にとってかすかな希望の灯ともいえるものだ。何も好き好んで内閣や党役員の入れ替えをしようというのではない。そこに手をつけなければ、解散などとてもおぼつかない状況だった。支持率が三〇％はないと選挙にならない。これが菅の実感だった。

総理への諫言

日本郵政の西川善文《にしかわよしふみ》社長の進退に関して、菅は続投派であった。西川の更迭《こうてつ》を迫る鳩山邦夫総務大臣の発言を苦々しい思いで眺めていた。

菅の論理は明快である。当時の自民党の衆院の議席は、小泉純一郎が郵政選挙で獲得したものだ。マニフェストは「郵政民営化」一色。郵政改革の中身に手を加えるのであれば、まず選挙で信を問う必要があるのではないかと考えていた。

「内閣改造を即おこなうべきです。鳩山さんをそこで替えれば、何の問題もない」

菅は持論である改造・人事の断行を麻生に進言した。

六月一二日、麻生は、改造せずに鳩山の更迭に踏み切った。前年九月の発足以来、九カ月で三閣僚が辞任。麻生内閣の求心力はさらに低下していった。

鳩山が問題視した「かんぽの宿」問題について、菅の見方は違っている。平成一八年から一九年まで総務大臣を務めていたため内実に詳しかった。

かんぽの宿は簡易保険が爆発的にヒットしたことに端を発している。あまりの売れ行きにだぶついてきた資金の使い道が求められるようになる。旧郵政官僚の発案で簡易保険者のために「簡易保険福祉事業団」を設置することになった。当然、理事長は郵政事務次官の指定ポストであった。いわゆる天下り先だ。

その事業団が全国に作っていったのがかんぽの宿だった。支配人をはじめ、管理職の多くは天下りポストである。

ほどなくして、事業団は年間に四〇億から五〇億円もの赤字を垂れ流し始める。これを処理する方策がかんぽの宿売却だった。不動産売買よりは事業の売買に近いものだ。この点が国民に理解されなかった。「二四〇〇億円のものを一〇〇億円で売るのはおかしい」といった論調ばかりがマスコミを覆っていた。従業員の雇用を確保しながらの売却である点が顧みられることはなかった。

〈「かんぽの宿」みたいなものを作ったほうが余程おかしい。赤字を垂れ流す天下りのための

組織にはびこる負の連鎖を断ち切るのが西川たちの役割。そこがまったく報道されていない〉

六月二九日、日本郵政の株主総会と取締役会が開かれた。西川の再任決定を受けて、鳩山は自らの正義を主張し、テレビカメラの前で吼《ほ》え続けた。

麻生の郵政民営化についての評価も揺れ続けた。平成二一年二月には、「郵政民営化にはもともと反対だった」と発言。小泉元総理が「怒るというより、笑っちゃうぐらい、ただあきれている」と不快感をあらわにすると、弁明を余儀なくされた。麻生の完敗である。

菅はこの点には同情している。麻生は「最初は反対し、あとで賛成に回った」という経過を説明しただけだった。それが一面だけをとらえて報道されているにすぎない。元をたどれば、郵政民営化には小泉を除く大半の自民党議員が反対だった。

「総理の一言は重いですよ。気をつけてくださいね」

麻生の「反対だった」発言の直後、菅は新潟で発言した。

「総理の発言は極めて重い。国民に誤解を与え、党内で無用なあつれきを生む発言は慎まなければならない」

もちろん、菅に麻生への敵意はない。党内に蔓延しかかった不満を打ち消すための表向きの発言である。衆院選に向けて最前線で戦っている自民党の同志に対する配慮もあった。

麻生の逡巡

平成二一年六月二四日夜、安倍晋三は総理公邸を訪れた。内閣改造・党役員人事を麻生に進言するためだ。直前に安倍は菅と鈴木政二《すずきせいじ》・自民党参院幹事長と会談している。安倍の思いは切実だった。

「このままいけば、自民党は衆院選で大敗する。都議選前に大幅な内閣改造と党役員人事を実施する必要がある。選挙の顔である幹事長に舛添要一《ますぞえよういち》を起用するくらいの抜擢があれば、党内の不満は解消し、求心力が増す」

「国民の間には、『とにかく一度、民主党に政権を運営させてみろ。どうせできっこないんだから。駄目ならまた自民党政権に替えればいいだけだ』という声が圧倒的に強い。これに対抗するには自民党政権内での擬似政権交代しかありません。こちらは権力を持っているんだから。党三役に女性議員を登用するくらいの思い切りが必要だ」

優勢に戦いを進める民主党に対抗するには、「自民党は変わった」という印象を有権者に植え付けなければならない。世代交代を体現するような布陣を敷く。徹底した改造・人事なくして選挙は戦えない。最前線に立つ菅ならではの策だった。

麻生は一時は検討するかに見えた。

ところが、情勢は六月三〇日に一変した。

この日の夜、麻生は「政権の後見人」を自称する森喜朗と東京・虎の門のホテルオークラで顔を合わせた。麻生は改造・人事へのこだわりを森に直談判したが、森は頑として首を縦に振らなかった。党内基盤が脆弱な麻生にとって森が実質的なオーナーとして君臨する町村派の後ろ盾は死活的に重要だ。森の意向を無視して改造・人事を断行する選択肢はなかった。

〈もし、そうした戦いが実現していれば、あそこまでの大敗はなかったに違いない〉

菅は今に至るも改造・人事を断行できなかった悔いを捨て去ることができないでいる。

麻生は逡巡しているようだった。

〈おれがいったん選んだ閣僚や党役員だ。みんな頑張ってもらっている。それを選挙対策の一言で首をすげ替えることなどとてもできない〉

麻生政権への世間の視線が発足当初とまったく違ってきた。選挙対策の現場ではそんな実感が日増しに強まっていた。国民の期待感という風を帆にはらんだ政権ではもはやまったくない。

六月二四日の会談で、菅は安倍と意見の一致をみていた。七月五日投開票の静岡県知事選と都議選の二つを自民党が仮に落とすような事態になれば、衆院選はまったく選挙になるまい。

そして、菅の杞憂は現実のものとなった。静岡県知事選では無所属ながら民主党が後押しする川勝平太《かわかつへいた》が同じく無所属で自民支援の坂本《さかもと》由起子《ゆきこ》を一万五〇〇〇票差で破り当選。

七月三日告示、一三日投開票の東京都議会議員選挙。自民党議員は枕を並べて討ち死にしていった。麻生政権の重要閣僚・与謝野馨のお膝元である千代田区では自民党都連幹事長であり、与謝野合同選対の本部長も務める内田茂《うちだしげる》が敗れた。当選を果たした民主党候補・栗下善行《くりしたぜんこう》は告示九日前になってようやく出馬表明した二六歳。昭和三四年以来、自民が守り続けた一人区の議席を失った。この選挙を象徴する光景である。

民主党は大幅に勢力を伸ばし、五四議席で比較第一党の座を占めた。都議会与党であった自公両党は、合計六一議席に激減し、過半数を割り込んだ。民主は四二選挙区中三八でトップ当選した。〝地すべり的圧勝〟というにふさわしい結果だった。静岡知事選の結果と合わせて有権者の「政権交代」志向を印象付けた。

〈かなり厳しい〉

客観的な情勢が「自民不利」の警告音を高らかに鳴らしている。誰の目にも明らかだった。二つの選挙での敗北を経て、世論は猛烈な勢いで麻生から離れていこうとしていた。

世論が離れているような非常事態には、小手先の策では通じない。菅の進言した自民党政権内の「疑似政権交代」は、党内の反発を招く、まさに劇薬だった。麻生は非常によく人の話を聞く。菅の意見も聞くが、他の人の意見も取り入れる。ゆえに、劇薬が採用されることはなかった。

麻生自民党は有効な手立てがないまま任期満了を目前に衆議院を解散する。

小沢さんは今様には合わない

平成二一年八月一八日、衆院総選挙公示の日。流れは完全に民主党にあった。自民党の選対幹部である菅の目から見ても明らかなほどだった。これまでに経験したことのない激動だった。新聞は「自民一〇〇議席」と書き始める。六月末の党内の情勢調査では、一二〇。現実味のある数字だった。現実には解散直後、予想獲得議席数は若干上向いている。一六〇までの可能性は出てきたと菅は踏んでいた。

自民党の選挙対策担当者として菅が常に意識せざるを得なかったのが、小沢一郎の影だ。小沢は選挙対策担当の代表代行として民主党の衆院選戦略のすべてを牛耳っていた。

「小沢さんはすごい」

選挙前からそんな言葉を多くの人が口にしていた。菅は、そのたびに疑問が湧いた。

〈小沢さんは、古いタイプの政治家。今様には合わない〉

小沢が選挙に備えて地方を回る際、訪ねる先は決まっている。労働組合の幹部か地域・職域団体の長といったところだ。それら支援団体の上層部と根回しをすることで選挙を乗り切っている。菅の認識とは根本的なずれがある。残念なことに現在の選挙ではそうした活動では票は取れない。

ただし、うらやましい点もある。小沢が全権を掌握していることだ。小沢のように、思い通り選挙を取り仕切ってみたい。菅にもそんな思いはあった。だが、自民党には党中央の権限もあれば、派閥もあり、地方組織もある。

「ここの選挙区で、彼を出したい」

「この候補者は、外そう」

トップダウンで候補者を決定する。そんなスタイルの選挙をするのは夢のまた夢だ。権限も資金も手元に集中してある小沢とはずいぶん差がある。

菅はこの負け戦でも淡々と自らの役割を果たした。

古賀誠は七月の東京都議選惨敗で責任を取り、すでに選対委員長を辞任。菅は選対委員長代理に就任した。古賀は麻生太郎の慰留によって選対本部長代理に格上げされる。選対本部長は、総裁の麻生。選挙実務は菅が取り仕切った。きめ細かくデータを取り、各地の情勢を的確に分析する。この緻密さは生来のものだろう。選挙期間中、古賀にはこんな諫言までしている。

「委員長、これは大変な数字です。大丈夫ですか。もっと選挙区に帰ったほうがいいんじゃないですか」

古賀は、すでに肚を固めていた。

「おれは負けたら、スパッと辞める。心配じゃないと言ったら嘘になるけど、重複立候補はしない。データによれば、当確の◎印がついている候補者もいる。でも、難しいんだよ。これはあくまでもメディアの評価でしかない。選挙の本当のところは候補者が自分で地元に入ってみないとわからない。肌で感じたことが一番。これに間違いはない。最後は候補者が自分で判断するんだ」

民主党をはじめ野党に追い風が吹く中、自民党には逆風そのものの戦いとなった。宰相経験者をはじめ、自民党の大物議員が軒並み苦戦を予想される中、古賀は落選の可能性が最も高い候補者の一人に目される。

だが、ふたを開けてみると、古賀はしぶとさを発揮した。勝負はげたを履くまでわからない。相手候補に二万三〇〇〇票あまりの差をつけて地元の福岡七区で勝利した。

結局、自民党候補の中で選挙区を勝ち抜いたのは六〇数人にとどまった。伊吹文明《いぶきぶんめい》や額賀福志郎《ぬかがふくしろう》、丹羽雄哉《にわゆうや》ら派閥の領袖クラスも選挙区地元で一敗地にまみれた。特に都市部では惨憺たる結果だった。

菅も例外ではない。普段から駅頭に立ち続ける菅には厳しい風当たりが痛いほどよくわかった。選挙戦の多くを他の候補者の応援に充てる予定の菅に、後援会の幹部は「選挙区にいてくれ」と懇願した。事実、応援予定を取りやめて選挙区に戻る党幹部や閣僚が多かった。しかし、菅は「約束だから」と取り合わず応援を続ける。マスコミの調査では最後まで劣勢とされたが、日頃から鍛え抜かれた後援会が組織を挙げて猛烈に巻き返す。
大変な逆風の選挙の中、菅は、かろうじて五四八票差で勝利をおさめている。

政権交代

平成二一年九月、衆議院総選挙での勝利を受けて鳩山由紀夫《はとやまゆきお》を首班とする民主党政権が誕生。自民党は下野《げや》する。

麻生太郎の辞任後におこなわれた自民党総裁選挙で菅は古賀派を飛び出した。当選同期の大《おお》村秀章《むらひであき》や新藤義孝《しんどうよしたか》、松本純《まつもとじゅん》と共に河野太郎の推薦人となったのだ。古賀はこのとき党の要職からは離れていたものの、宏池会会長の任にあった。古賀は派として谷垣禎一を担ぐことを決意する。

麻生後継選びについて、菅はこう断言している。

「派閥主導はあり得ない」

「一致団結は内向きの理論だ。執行部刷新を求める声が五割を超えた世論調査もある」

平成二一年の総裁選を機に菅は、古賀派を離れることになった。菅は古賀派の総裁候補・谷垣禎一を差し置いて他派の河野太郎を推薦人として推す。古賀に迷惑がかからないわけがないからだ。

もう一つ理由がある。衆院選で大敗した今、自民党が変わった姿を見せないといけない、そのために、改めて派閥解消の必要性を痛感したからだ。派閥政治を続けては、国民の支持は戻らない。派閥の中からいくら解消を叫んでも無理がある。まずは自分が飛び出すことだと考え、実践に移した。

古賀には、菅は政治家としての将来がどうあるべきか、いろいろと悩んでいたように見えた。あるとき、古賀はこんな相談を受けた。

「籍を抜けて無派閥でやったほうが、視野が広がるし、力もつくような気がするんです。そうさせてもらっていいでしょうか」

古賀は答えた。

「何も派閥にいることだけがいい身の処し方ではないよ。視野が広がり、力がつく道があるというのなら、それが一番いい」

菅は派閥を離脱するに当たって、会長である古賀に仁義を切ったのだ。その後は無派閥を押し通して現在に至る。

古賀は、あえて慰留しなかった。

叩き上げの強み

平成二一年一二月、国家公務員制度改革推進本部の松田隆利事務局次長は、仙谷由人《せんごくよしと》行政刷新担当相に辞表を提出した。

民主党に政権交代してから、推進本部は難しい立場に追いやられていた。立花宏《たちばなひろし》事務局長らも松田と同様、民主党政権下では仙谷担当相らは聞く耳を持たず、やりづらいと感じていたので、いっしょに辞表を出した。

松田は思った。

〈このあたりで、後進の育成に転じよう〉

松田は学者ルートや東洋大学総長の塩川正十郎《しおかわまさじゅうろう》などに声をかけ、大学での仕事を探した。その中で、もっとも早く返事をもらったのが法政大学だった。肩書きは特任教授、講義内容は「公務組織人材論」である。

法政大学は官界には無関心で、他大学から来た左翼系の先生が多かった。そのため、これまで公務員試験対策等はまったく取ってこなかった。が、不景気が続く中、安定収入と高い福利厚生が望める公務員は就職先として人気が高まり、それとともに法政大学の人気はどんどん落ちていった。有名私立大学五校のＭＡＲＣＨ（明治、青山学院、立教、中央、法政）からも脱落しそうなほどであった。

そこで大学側は、官界の頂点に立った松田に、公務員試験対策の授業を請け負ってもらいたいと考えたのである。松田は初代公務人材育成センター長となり、公務員講座と司法試験のための法職講座を開設した。言わば、安価な学内の予備校で、学生の人気を得た。

松田は法政大学の講義の中で、卒業生の一人である菅義偉について話をした。

「菅義偉さんを語るのに、三つのポイントがある」

一つは苦労人で頑張り屋ということである。

菅は、秋田県の中でも特に田舎の雄勝町の農家の長男に生まれた。高校を卒業した菅は、農業では食べていけないと、集団就職で東京に上京し、ダンボール工場で働き始めた。が、「視野を広げるため、大学で学びたい」という思いを強く抱くようになり、入学金を貯めるため築地市場の台車運びなどのアルバイトをし、アパートに帰れば試験勉強という生活を二年間続けた。そして当時、私学の中では一番学費の安かった法政大学を選んで入学した。学費はすべてアルバイトで稼ぎ、築地市場の台車運び以外にガードマン、新聞社の使い走り、食堂のカレーの盛りつけ係など、毎日がアルバイト漬けだった。

こうした若いころの苦労が、菅義偉という政治家の骨格に間違いなくなっている。

二つ目は、新人時代に大物政治家の背中を見ながら修行を積んだことである。

菅は、自民党の小此木彦三郎通産大臣の秘書を一一年務めた。また、衆院選で初当選した時は、梶山静六元官房長官を支持し、その薫陶を受けている。

決断し実行しなければならないことは、いかにこれまでと異なり、あるいは敵が多くとも果敢に取り組む梶山の姿を、菅は見てきている。

三つ目は、政治に対する感覚が現代的であったことである。菅の選挙区である横浜二区は、横浜駅やみなとみらい駅をもつ市の中核である西区が含まれている。昔ながらの自民党流の選挙はおよそ通用しない。都市生活者の感覚がなければ当選は困難だった。

既得権に対する厳しい世論や官僚行政に対する国民の批判を受けて、菅の政治姿勢は極めて改革的である。

松田は、学生たちに伝えた。

「きみたちの先輩は、この三つでできている。見習って頑張れ」

平成二二年（二〇一〇年）六月二八日、菅の父親の菅和三郎が亡くなった。松田は告別式に出席するため、菅の実家がある秋田県湯沢市秋ノ宮近くの横堀温泉紫雲閣を訪ねた。

帰り際、空腹だったため、駅前まで出て食堂を探した。ところが、ＪＲ奥羽本線の横堀駅近くに行っても、一軒の食堂も見当たらない。その閑散とした町の風景を眺めながら、松田は、改めて菅の半生を思った。

〈菅さんは、こういう田舎から出てこられて、苦労の末に政治家になられたんだな……〉

法政出身の誇り

法政大学は、現役キャリア官僚を二〇人ほど輩出している。が、周囲に打ち明けず、こっそりと国家公務員試験を受け、こっそりと入省していた。大学側も「うちの大学からキャリア官僚が出ることはないだろう」という思い込みのようなものがあった。

元総務事務次官の松田隆利法政大学特任教授は、授業の中で「法政からも約二〇人が入省しているよ」と話をした。すると「じゃあ、おれも頑張る」とやる気を出す学生たちが出てきた。

そこで松田は、法政大学出身キャリア官僚をはじめ公務関係の同窓会を作り、学生に先輩たちの姿が見えるようにしようと考えついた。

さらに中央官庁だけでなく、近場の一都三県五政令市の地方公務員、弁護士や裁判官などの法曹界なども同窓会に入れることにした。

すると「政治家にも声をかけたらどうか」と話が広がった。そこで松田は政治家たちにも声をかけて回った。創設当時は民主党政権だったため、民主党議員の数が多かったが、松田が真っ先に声をかけたのは、自民党の菅義偉であった。

その後、自民党政権に戻ってからは、平成二四年一二月一六日の衆院選で初当選した自民党の青山周平《あおやましゅうへい》、秋本真利《あきもとまさとし》、穴見陽一《あなみよういち》、木内均《きうちひとし》などもメンバーに加わり、自民党議員の数のほうが多くなった。さらに自民党の中でも法政大学の同窓会のようなものを作ろうという話になり、輪がどんどん広がっていった。

菅はこの集まりを非常に喜んだ。菅は高卒で一度就職し、自分で生活費と学費を貯めて法政大学に入った経緯がある。大学へ行ったことが転機となり政治家への道が拓けたことから、母校に対する思いは人一倍だった。また現在の政界には、二世、三世議員が多い中、菅のような経歴の持ち主は稀で、政界に入ってからも一匹狼的なところがあった。菅にとっては、この同窓会は、まるで親類縁者の集まりのように感じたのだろう。

その会合で、菅は「（秋田とともに）法政は私の誇りです」と述べている。

松田も、菅にそこまで喜んでもらえて嬉しかった。松田はそんなふうに自分でも半分楽しみながら、大学の特任教授を四年間続けた。

官房長官の菅は、平成二六年六月一六日、松田を同日付で内閣府参与に任命したと発表した。

安倍晋三のリベンジ

菅は、宏池会会長の古賀誠に打ち明けた。

「私はこの総裁選で安倍さんを絶対に担ぎたい。彼が訴えてきた『再チャレンジ』を自ら演じるチャンスは、今回しかないと思うんです」

菅の思いは伝わってきた。だが、安倍が政権を投げ出したのはわずか五年前。

「いや、それはまだちょっと早いんじゃないか。安倍さんの傷は癒えてないだろう。他の陣営から必ずそこを抉《えぐ》り出されることになるよ」

菅の意思は固かった。

「でも、これしかないと思います。私は何とか安倍さんを口説くつもりです。古賀さんはどうされますか」

「おれは三〇年議員をやって、七〇歳で辞めると決めている。これは若返り、世代交代を実現させるという意味だ。宏池会も若返りさせる。そういう意味では、林芳正《はやしよしまさ》が手を挙げている。きちんと総裁選に出さないと林は死んでしまう」

菅は、平成二四年（二〇一二年）八月九日夜におこなわれた「内閣不信任決議案の採決」で欠席という自民党の方針に従わず、賛成に回った七人のうちの一人だった。

民主党に政権が奪われてから三人目となる野田佳彦《のだよしひこ》総理大臣は、自・公・民の党首会談で「近いうちに国民に信を問う」ことを約束しておきながら、その直前に開かれた民主党の両議員総会で「解散時期の明示などできるわけがない」と発言していた。

一方、自民党は、三党の党首会談の場において早期解散は合意したものと信じ、他の少数野党が共同で提出していた内閣不信任案の採決に欠席することを決めた。

菅は、はっきりしない党の判断に腹が立った。

〈内向きと外向きで違うことを言うのは、「党内治安」のために野田総理が使う常套手段だろう〉

内閣不信任案は、強大な政府・与党に対抗するために、国民から野党に託された最大の武器である。しかも、一国会に一度しか使えない。今、考慮すべきことは、消費税率引き上げを含む「税と社会保障の一体改革」関連法案の行方などではなく、経済政策、外交・安全保障など、内閣全体のことなのだ。

菅は、この国の未来を憂いた。

〈民主党政権が続く限り、国益は損なわれ、国力が低下してしまう。私は、採決を欠席することとは内閣を信任することと同じであると考える。ならば出席して、不信任の意思を明確に示してやろう〉

同時に、心に誓っていた。

〈近いうちにある衆議院の総選挙で、必ずや民主党政権を打倒し、日本の再生に全力を尽くしてやろう〉

野田内閣に対する不信任案が否決された翌日の八月一〇日、韓国の李明博《イミョンバク》大統領が竹島に上陸した。

さらに、八月一四日には、天皇陛下が訪韓する条件として謝罪を求めるという非礼極まりない発言をする。

なにも竹島だけではない。七月には、ロシアのメドベージェフ首相が大統領時代に続いて北方領土に上陸。尖閣諸島では、中国の漁業監視船が二度にわたり領海へ侵入したのに続き、八月一五日には民間の活動家が上陸した。

民主党外交の失政に次ぐ失政によって、竹島、尖閣諸島、北方領土と日本の領土主権が侵害される事態が止まらなかった。国家観に欠け、責任感も気概もない民主党政権では、国益が損なわれるばかりの状況に、ますます菅は、次期自民党総裁選へ安倍が出馬することを期待するばかりだった。

安倍が首相を退陣して五年、菅はずっと思っていた。

〈もう一度、安倍晋三という政治家は、国の舵取りをやるべきだ〉

そう心に強く思いながら、時が来ることを待ち続けていた。

その時が、どうやら来たらしい。

民主党政権の存続が危ぶまれている。次の総選挙では自民党が政権を奪回できるほどの状況に追い込まれた。そんな今こそ、安倍にとって最高のチャンスだと菅は読んだ。

〈野党自民党の総裁選ではあるが、次の総裁選は「総理大臣」になる可能性のある選挙に必ずなる。当然、マスコミの注目度も高まる。それほどマスコミの脚光を浴びる選挙の場というのなら、安倍晋三という政治家を再び国民のみなさんに見てもらうじゃないか。安倍晋三の主義主張というものをきちんと表明すれば、国民の期待感は高まり、一気に支持は広まるはずだ。これは、逆に安倍晋三にとっても、最高の舞台になる〉

菅は、そう強く確信していた。

しかし、党内には、「安倍の復帰は早すぎる。まだ禊《みそぎ》は終わっていない」というような声も上がっていることは十分承知していた。

安倍自身も迷っていた。第一次政権の退陣の在り方に対する批判を気にしていた。

菅は、安倍にはっきり言っていた。

「でも、あの辞め方は、必ず一回は批判されますよ」

批判されているからといって、怯んでいては始まらない。

総理を辞める理由となった安倍の体調も開発された新薬によっておさまり、安倍は心身ともに気力がみなぎっている。体調面での心配は払拭できている。

それよりも気がかりなことは、日本が国難ともいえる危機にさらされていることの方だ。東日本大震災からの復興は遅々として進まず、竹島、尖閣諸島など日本の領土が他国に脅かされるまでになってしまった。

また、長引くデフレ・円高によって経済は低迷し、若者たちは未来に夢や希望が見いだせずにいる。だが、安倍はずっと日本経済を回復させるための勉強を積み重ねてきている。それを披露するには、絶好の機会だ。

そのうえ、民主党政権の三年間で揺らぎ、悪化した日米同盟関係が、日本の死活問題となっている。この日米関係を再び強固にしなければならない。

日本の命運が、この時にかかっている。

〈日本を立て直し未来へ導くことのできるリーダーは、安倍晋三をおいて他にいない。総裁選で安倍晋三の姿を見れば、絶対、国民から支持されるはずだ〉

安倍に対する国民の支持は少なく、石破茂の半分と見られていた。菅は、安倍の自民党総裁選出馬をいろいろな人から反対された。安倍に近い人物の中には、「待望論が出るまで待つべきだ」と言う人もいた。

それを、菅は説得して歩いた。

「待望論は本人が出馬して、国民に訴えて初めて出てくる」

そんな菅に、こういう人もいた。

「これで負けたら、政治生命がなくなる」

このチャンスを見逃すんですか！

平成二四年八月一五日、安倍晋三は、稲田朋美《いなだともみ》衆議院議員、宇都隆史《うとたかし》参議院議員、熊谷大《くまがいゆたか》参議院議員、萩生田光一《はぎうだこういち》前衆議院議員、髙鳥修一《たかとりしゅういち》前衆議院議員をはじめ、「伝統と創造の会」メンバーとともに靖国神社を参拝した。

この日の夜、東京・銀座の焼鳥店で、菅義偉は、安倍を口説いていた。

ふたりとも酒は飲まない。テーブルの料理にもほとんど手をつけなかった。

「次の自民党総裁選には、是非、出馬すべきです。円高・デフレ脱却による日本経済の再生と、東日本大震災からの復興、尖閣や北朝鮮の問題による危機管理といった三つの課題に対応できるのは、安倍さんしかいない。絶対に出るべきです」

菅は安倍に強く迫った。

「安倍さん、チャンスが来ましたよ。私は、この時を待っていました。出馬すれば、安倍さんが勝つと、私は思っています」

総裁選のルールを熟知している菅の頭の中では、緻密な計算がされていた。一回目の党員選挙で八割を取られたら負けるが、七割だったら勝機ありと見極めた。

自分の見立てを話しながら、説得を続けた。

「もちろん、絶対勝てるという保証はありません。三番目になるかもしれません。しかし、勝てる可能性は間違いなくあります」

だが、安倍は首を縦に振らない。

菅は民主党政権のつまずきを並べ立てた。尖閣諸島をめぐる中国との対立、デフレ不況の深刻化、東日本大震災の復興の遅れ……。

「今こそ、日本には安倍さんが必要です。国民に政治家・安倍晋三を見てもらいましょう。総裁選に立候補すれば、安倍晋三の主張を国民が聞いてくれるんです」

菅の声は、どんどん熱を帯びてきた。

「今回、出馬した際の最悪のことも考えました。でも、ここで敗れたところで、一年以内に選挙があるじゃないですか。最悪敗れたとしても、次の選挙に出馬する人たちや地方組織から『応援に来てほしい』とどんどん声がかかります。いずれにしても、次が完全に見えてくるじゃないですか」

そして、決断を促した。

「もう一度、安倍晋三という政治家を世に問う最高の舞台じゃありませんか？　このチャンスを逃したら、次は難しいですよ。この最高の舞台を、みすみす見逃すんですか！」

安倍と菅の話し合いは、三時間にも及んでいた。

なにも、菅はこの日ばかり、安倍を口説いていたわけではない。二年ほど前から、「もう一回、総理大臣をやるべきです」と言い続けてきた。この最高の舞台に、安倍を上がらせないわけにはいかない。

菅が長年抱いてきた思いが伝わったのか、安倍は首を縦に振った。

「じゃあ、やりましょう」

石破茂VS安倍晋三

自民党の政権奪還が徐々に現実味を帯びる中、平成二四年九月二六日に自民党総裁選挙がおこなわれることになった。

安倍のほかに、石破茂、石原伸晃、町村信孝、林芳正が立候補する中、菅は安倍晋三の選挙対策本部で中核的な役割を担った。

菅は、安倍の総裁就任を見越して陣営では八月末、成長戦略をテーマにした勉強会を始めた。名称は「新経済成長戦略勉強会」で、安倍は代表世話人を務めた。菅をはじめ、六一人の国会議員が発起人に名を連ねた。

国難に対処するには、政治に強力なリーダーシップが必要だ。健康状態も万全となった安倍は適任と確信していた。

総裁選に向けて自民党内ではさまざまな動きがあった。その中の一つが安倍と石破を近づけようとするものだ。「日本の復興と再生を実現する議員連盟」、政策集団のぞみという政治家グループは主宰する勉強会に二人は講師として呼ばれ、領土問題について語っている。

安倍・石破両陣営の選対が動いたものではないが、重要な布石とはなった。選挙前から「一・二位連合」や「二・三位連合」など、連携をめぐって諸説が乱れ飛んだ。

派内から町村・安倍の二人が総裁選挙に立候補した町村派は自主投票を決めた。菅ほどの策士でもぎりぎりまで読めない戦いだった。

自民党の総裁選挙では国会議員票が一九九票、地方票が三〇〇票の配分となっている。永田町だけでなく、むしろ「外」での評価が決め手となる可能性もあった。平成一三年、小泉純一郎は地方票の圧倒的支持を得て地滑り的な勝利を手にした。そのときの光景は今でも自民党関係者の脳裏に焼き付いている。

菅が選対として最も気遣ったのは平成一九年に健康上の理由から安倍が辞任した経緯である。

〈国民のみなさんには多大なご迷惑をお掛けした。その点がどのようにとられるかだ〉

〈当然、批判もあるだろう。そういう中にあっても、熱意とリーダーシップに期待してもらえるだろう。日本を一日も早く最悪の状況から脱しなければ。安倍さんに何としても変えてもらわなきゃならない〉

平成二四年九月二六日、いよいよ自民党総裁選おこなわれた。

第一回投票で安倍が議員票五四票、地方票八七票で合計一四一票、石破が議員票三四票、地方票一六五票、合計一九九票でトップ。

ただし、有効投票数の過半数二五〇票以上に達しなかった。そのため一、二位の石破、安倍の決選投票がおこなわれた。

決選投票では、安倍一〇八票、石破八九票で安倍が新総裁に選ばれた。

第三章　歴代最長・官房長官の七年

官僚に騙されるな

菅は、平成二四年一二月二六日、第二次安倍内閣の内閣官房長官を命じられた。菅は、「師」と仰ぐ梶山静六の姿を頭に思い描いていた。

梶山から教わったことで、非常に印象に残っていることがある。

「おまえは大変な時に国会議員になった。おれの時代は右肩上がり。高度経済成長のいい時代だった。これからは、人口減少、少子高齢化社会、低成長の中で国民のみなさんに無理なお願いをしなければならない。説明責任を問われるのが与党だ」

梶山は非常に胆力のある政治家だった。菅は、まだ梶山の足元にも及ばないと思っている。そうした思いを、ずっと持ち続けて仕事をしてきたという。

そんな梶山は、橋本龍太郎総理の下で平成八年一月一一日から平成九年九月一一日まで官房長官を務めており、菅はその梶山官房長官像を忘れられずにいる。

菅の梶山官房長官像とは、「非常に戦略的で、かつ役所から恐れられる人物」というものである。「瞬間湯沸かし器」とも呼ばれていたが、そんな単純な人物ではなかった。

梶山から教わったことは、数多くある。その中でも、忘れられないのが、説明責任を常に果たせる能力を持つことだ。

菅は、いつも梶山に言われていた。

「おまえなんか、官僚にすぐに騙される。官僚は、説明の天才だ。官僚には自分たちの思惑があり、政治家に説明するとき、必ずその思惑を入れて説明するから、それを見抜けないとダメだ。なにも、官僚だけじゃないぞ。マスコミだって、取材するときに最初から一つの方向を決めてくるから気をつけろ。学者だって経済人も、いっしょだぞ」

自分の考えをきちんと持ち、自分で判断できる力を持たなければならないと、きつく教わった。

この梶山の指導により、菅は官僚や周囲の思惑に取り込まれずに、自分で常に判断する能力を身に着けることができたという。

その上、慎重に物事を進めるのも菅の特徴である。常に最悪のことを想定し、物事を発言するよう心がけている。官房長官記者会見の場においても、記者からの執拗な質問に対して、菅がイラついて感情的に発言してしまっては政権のマイナス要因になってしまうことなど織り込み済みだ。それよりも、記者に対してではなく、国民や世界を意識して発言するつもりでいる。官房長官の発言は、日本政府のメッセージとなるからである。

菅は、基本的には、梶山スタイルの官房長官を手本としているという。

だが、一つだけ、梶山とは違う点がある。それは、総理大臣との距離だ。梶山と橋本総理の距離は結構、微妙なものだった。しかし、菅と安倍の距離は相当近い。いや、むしろ一心同体といっていいほど近い関係にある。

最強官房長官

歴代の自民党政権を引っ張ってきた総理と官房長官のコンビ。保守合同直後の昭和三〇年一一月に発足した第三次鳩山一郎《はとやまいちろう》内閣の鳩山首相─根本龍太郎《ねもとりゅうたろう》官房長官に始まり、幾多の組み合わせが実現してきた。

小渕内閣で野中広務官房長官を官房副長官として支えた新党大地代表の鈴木宗男の目には、三組の名コンビが刻まれている。中曽根康弘《なかそねやすひろ》─藤波孝生《ふじなみたかお》、小渕恵三─野中広務、そして現職の安倍晋三─菅義偉である。近年ではこの三組が傑出しているという。

官房長官は自ら表にしゃしゃり出る役職ではない。むしろ目立ってはならないのだ。そうかといって、下がってもいけない。立ち居振る舞いには細心の注意を要し、責めは非常に重い。それが官房長官である。

〈官房長官にとって何よりも大事なものは、総理への忠誠心。これに尽きる〉

鈴木はそんな思いを抱きながら、歴代首相と長官の仕事ぶりに目を凝らしてきた。中でも菅は図抜けた資質を持っている。分をわきまえ、安倍の足を引っ張ることがない。この点においては「最高の官房長官」と評してもいいのではないかという。

菅の利点は「余計なことを言わない」ところにある。なにより発言に無駄がない。官房長官の元には霞が関の各役所からさまざまな情報が集まってくる。国政の舵取りに関する材料は、その気になればいくらでも取れる立場だ。

菅はすべてを知っていながら、ここ一番で抑える術を知っている。呑み込んでいながら、全部吐き出すわけではない。このさじ加減が大事なところだ。このあたり、菅の緩急の付け方には絶妙な感覚が見て取れる。

菅を知らない人間の目には、にわかに脚光を浴びた幸運な政治家と映るかもしれない。だが、永田町きっての事情通で知られる鈴木は、かねて菅に注目してきた。とりわけ買っているのが、その「胆力」である。

菅がそれを身に付けたのはいつのことだったのだろう。鈴木は政治家としての出自にあると見ている。菅は小此木彦三郎の下で秘書を務めた。小此木は中曽根内閣で通産大臣、竹下登内閣で建設大臣を歴任している。だが、党内では議運・国対族の代表格として名が通っていた。与野党の枠を超えてさまざまな人脈を築いていたことで一目置かれた人物だ。

鈴木は当時から菅を知っている。〝苦労人〟そんな言葉が似合う秘書だった。

鈴木は思う。

〈安倍さんは、最高の官房長官を選んだ。政権の強みになっている。第一次政権とはまったく

違うところだろう〉

平成二四年一二月の政権発足以来、菅には目立った失言・失敗はない。言うべきときには口を開くし、縛りをかけるときには躊躇なくかける。大した手綱さばきぶりであるという。

危機管理の舞台裏

平成二五年（二〇一三年）一月一六日午前、安倍総理は羽田空港から政府専用機で、就任後の初外遊となる東南アジア諸国連合（ASEAN）三カ国歴訪に出発した。

この初外遊に同行したのは昭恵《あきえ》夫人、兼原信克《かねはらのぶかつ》副長官補、総理秘書官、外務省幹部らで、政治家は世耕弘成《せこうひろしげ》官房副長官ただ一人であった。

一行は、政府専用機で最初の訪問国であるベトナムのハノイへ向かった。世耕は機内で安倍総理夫妻と昼食をともにしながら諸々について懇談した。

ハノイに着陸し、安倍総理が宿舎に入った直後、日本にいる菅官房長官より緊急の電話が入った。

「アルジェリアで、邦人が武装集団に拘束されている」

政府に第一報が入ってきたのは、一月一六日午後四時すぎであった。四時四〇分、外務省に対策室を設置。五時には総理官邸に米村敏朗《よねむらとしろう》内閣危機管理監をトップとする官邸対策室を置いた。

菅は、安倍が現地ハノイに到着後の午後四時五〇分、電話で事態を報告。

安倍は、「被害者の人命を第一とした対処」、「情報収集の強化と事態の把握に全力を挙げること」、「当事国を含め関係各国と緊密に連携すること」を指示し、一切の対応について菅に任せた。

その後、ロイター通信が一六日午後六時半ごろに事件を速報。菅は午後九時ごろから記者会見を開き、事件の公表に踏み切った。

「アルジェリアにおいて現地邦人企業の、社員数名確認中でありますけども、武装集団により拘束され人質になっているという情報があり、現在確認を急いでおります。なお、人数については複数の異なる情報があります」

記者からの質問が相次いだ。

「天然ガス関連施設をイスラム武装勢力が襲撃し、従業員らを人質にとった。人質の中にプラント建設会社『日揮《にっき》』の社員がいるとの情報があるが」との問いに、菅は「その通りだ」と答え、武装勢力からの要求については「事件が起きたばかりで発言を控えたい」と述べるのにとどめた。

政府に一報が入ってから会見まで約五時間経過していたが、菅は「人質事件という性質上、非公開扱いにしてきた」と会見で理解を求めた。

安倍内閣がスタートしたばかりの大事件に、菅は、岸田文雄外務大臣、茂木敏充《もてぎとしみつ》経済産業大臣、小野寺五典《おのでらいつのり》防衛大臣の四人で連携し、対応にあたることにした。

発足間もない安倍政権にとって、アルジェリアの人質事件は厳しい危機対応となった。「人命第一」を掲げて関係国と調整を続けたが、現地時間一七日午後（日本時間一七日夜）、アルジェリア軍は武装勢力への攻撃を開始。現地からの情報不足は深刻で、人質となった日本人の安否確認にも手間取った。

安倍総理が日本人に被害が出ているとの第一報を受け取ったのは、訪問先のタイでインラック首相との会談がちょうど始まる時だった。

届けられた外務省のメモには、「軍が攻撃開始。日本人二人殺害」とする中東の衛星テレビ「アル・ジャジーラ」の報道内容が書かれていた。

随行員に驚きが広がった。安倍は落ち着くよう周囲に目配せし、予定通り会談をスタートさせた。

タイとの首脳会談は一時間半に及んだ。安倍は終了後の一〇時一五分、ただちに菅に電話を入れた。

菅が近況を報告するも、外国通信社などの報道内容は錯綜、政府も正確な情報をつかみかねていた。

「情報収集を頼む」

安倍は菅にこう指示して電話を切った。

菅は、一七日午後一〇時半過ぎ、総理官邸で急遽《きゅうきょ》、記者会見を開いた。

「人質解放のため、アルジェリア軍が攻撃を開始したという情報提供があった」

そう発表すると同時に、「現時点で邦人の被害状況は、鋭意確認中だ」と続けた。

こうした状況に、外遊中の安倍は焦りを募らせた。現地の一七人の日本人のうち多くの安否が確認できない。首都アルジェに派遣した城内実《きうちみのる》外務政務官のもとにも情報が集まるが、経済産業省が日揮を通じて得た情報は違っており、政府で確認できない状況がいつまで続くかわからない。

世耕官房副長官は、菅と電話で今後のスケジュール調整についてじっくり話し合った。

「菅さん、このような事態になった以上、ぼくは総理に帰国していただくべきだと思っています」

菅も同意した。

「賛成だ。おれも帰ってもらったほうがいいと思う」

世耕は言った。

「それでは明日朝六時に今後の方針を話し合うので、そのとき私は『帰るべき』と主張します」

世耕は、加藤勝信官房副長官にも電話をした。

「帰国すべきと総理に進言しようと思います。菅さんも同意見ですが、どう思われますか」

加藤が答えた。

「ぼくも賛成です」

一月一八日朝六時、バンコクのホテルの安倍総理の部屋に集合した一行は、アルジェリア情勢の分析と今後の対応の打ち合わせをした。

官僚たちの意見は〝外遊続行〟で一致していた。

「このまま予定どおりジャカルタへ行くべきです。非常に重要な予定が詰まっているし、ユドヨノ大統領のメンツもある」

「晩餐会はインドネシア全国から縁のある人を呼び集めて盛大におこなわれる予定です。外交日程を最後までこなしてから日本に帰っても遅くはない」

「被害状況が詳しく分からない中で帰国すると、〝慌てている感〟が出てしまう」

同じ意見でまとまった官僚たちに流れが作られ、「予定通り日程継続」が決まりそうになった。

それを、世耕が止めた。

「総理、やはり、ここは帰るべきでしょう。外貨を稼ぐため紛争地で頑張っている人たちがひどい目に遭っている。こんな時は総理大臣が官邸に陣取って指揮を執るべきです」

官僚にとっては安倍政権に対する国民の評価よりも、相手国のメンツが大切である。世耕は、この場にいる唯一の政治家としての意見を述べた。外遊先での情報収集や意見交換は何かと不自由であるし、総理の不在によって国際社会から日本の危機管理能力を疑われる可能性もあった。

いずれにせよ、タイからまっすぐ日本に帰国することは物理的に不可能だった。政府専用機は国際法上軍用機扱いされており、通過国すべてに許可を取らなければならない。が、飛行ルートとなる各国の飛行許可がおりるには時間がかかる。迂回して公海上を飛行するとなると、距離が大幅にのびるため燃料を追加補給しなければならず、給油に三時間もかかってしまう。

安倍の決断は、「とりあえず次の訪問先であるインドネシアのジャカルタへは向かう」であった。が、帰国を少しでも早めるため、首脳会談前の在留邦人との昼食会や視察日程はキャンセルすることになった。

同行スタッフも機内からインドネシア側と連絡を取り、日程の短縮を要請した。緊急事態なので、インドネシア側も理解を示してくれた。

これで一九日の午前四時には羽田に着陸できることになった。

安倍総理は、その後も機内から官邸と電話連絡を取り続け、菅に対し指示を出した。

「朝四時半から長官以下幹部が集まって、これまでの対応について報告してほしい。午前六時からは、対策本部を開けるようにしておいてくれ」

アルジェリア軍による人質救出作戦開始から丸一日が経過した一八日、安否情報の収集は依然として難航し、菅はその日夕方の記者会見で「確たる情報はない」と疲労の色を濃くした。情報が錯綜する中、菅は冷静に対応することだけを考えていた。

政権最大のキーマン

自民党担当として菅を見てきた菅番の記者は、菅の仕事ぶりについては予想を立てていた。

〈官房長官としても、まずまずうまくやってはいくだろう〉

だが、就任後一カ月で起こった事件で自らの読みを大きく修正しなければならなくなった。きっかけとなったのは、「アルジェリア人質事件」。

事件発生直後から終息までの菅の切り盛りは番記者の目から見ても、「すごい」の一言に尽きる。中でも「情報の出し方とスピード」。

舞台裏についてすべて知っているわけではないが、番記者は菅の会見を取材しながら、こんなことを感じていた。

〈総理は東南アジアを外遊中。不在だった。でも、アルジェリア情報の要所は現地でのぶら下がりで総理がしゃべっている。確認したわけではないが、菅さんがそうさせているようなイ

メージがある。あくまで大事なところは菅さんでなく、総理の口から発信している〉

総理がいないのなら、官房長官でいいじゃないか――。「女房役」としてそう考えたとしても不思議ではない。だが、ここでも総理と長官の棲み分けに徹底してこだわる。菅らしさが発揮された。

番記者はここであらためて菅の人間性に触れることになる。

〈「おれは総理でもないし、総理代行でもない」。菅さんはそう考えていたに違いない。自分が知っている情報はどんどん伝えてしまえ、と考える人もいる。ただ、菅さんはそうではなかったことを思い知らされた〉

総理が不在の中、事実上、危機管理は菅が仕切っていた。

「日本政府は今、こうして動いています」

政治家であればそう言い切りたいところだろう。だが、菅は黒子役に徹し、大事な点はすべて総理から発表する。

菅のこうした姿勢は番記者にも好意的に受け入れられた。総理を差し置いて自分が前に出ていく。菅に限ってそんなことはない。すべての番記者の胸にはそう刻まれていた。

事件発生から終息までの安倍と菅の公式発言を並べてみれば、要所要所で総理の見解が出て、時局を動かしていったことは明らかだった。

「不肖わたくしが陣頭指揮を取る」

官邸主導にこだわる安倍はそう宣言した。

総理が出席する対策会議を開き、その頭撮りの際に安倍が自ら伝えた。ここ一番の発言は、安倍に譲る。随所に菅による気遣いの痕跡が見える。

一月二〇日午前一時過ぎ、菅は、総理官邸で記者会見を開いた。

このとき、記者からの質問への返答に、菅は非常に気を使った。

アルジェリア政府から正式に日本人人質の安否情報がもたらされたのは一九日午後九時すぎ。死亡したとする人数や名前も伝えてきたが、日本側がＩＤカードやパスポートなど身元確認の根拠を尋ねても答えはあいまいだった。

別のルートも含めたアルジェリア外務省と軍の情報とでは内容が異なり、死者の数すら合わない。アルジェリア政府は「それぞれが自分たちのルートからの情報で発表をしている」と不信感を募らせた。

日揮側からは「できるだけ情報を抑えてほしい」という要望も来ていた。

日本側も警察庁からの情報、外務省からの情報、経済産業省からの情報、防衛省からの情報……、それらがすべて一致していなかった。

完全に現地では政府、軍、武装勢力が情報合戦をしていた。

情報が一致していればある程度の確証を持って発言できるが、もたらされる情報がバラバラの状態で、どれが正しくどれが間違いなのか判断しかねる状況だ。軽々しく発言したことで、傷つく人たちを大勢つくってしまうことにもなる。何よりも、冷静に判断し正しい情報を国民に発することが官房長官の役目である。

そんな状況の中で、菅が発することができる言葉は、次の表現であった。

「アルジェリア政府からこれまでに複数の邦人の安否に関し、厳しい情報の提供があり、現在政府として懸命にその事実関係の確認をしている。私たちは、まさに『生命を何としても第一にしてほしい』というお願いをしてきました。しかし、こういう結果に今なりそうなことは極めて残念なことだと思います」

いつかは犠牲になった人数を公にしなければならない日が来ることはわかっていたが、この日、この場では「複数の邦人の安否が厳しい」との表現にとどめた。

日本政府はアルジェリア政府から日本人の安否について死亡も含めた情報提供を受けていた。が、日本政府としてはこの情報を確認できておらず、マスコミに公表するのは時期尚早だった。が、国民やマスコミに向けて「分からない」と言い続けるには限界があった。それでも確定していない情報に対し、踏み込んで言及することには多少のリスクが伴う。政府は、そのギリギリの瀬戸際に立たされていた。

菅は、こうした厳しい状況下であえてリスクを背負い、日本人の人質が亡くなった可能性に触れた。結果として、非常に残念なことに日本人の死亡が確認され、マスコミの猛追もかわし、日本政府の的確で毅然とした対応も印象づけられた。

当時、官房副長官だった加藤勝信は、この時の菅の記者会見を見て思った。

〈菅さんが「厳しい情報の提供があり」と発言したタイミングは絶妙だった〉

加藤は、この時の菅官房長官の対応が〝安倍政権最大のキーマン〟と呼ばれる一つのターニングポイントになったと感じている。

番記者も、菅の「厳しい情報に接しています」という言葉を聞いたとき、「死者はいるんだろうな」と察した。

「数については、把握していません」

「まだ今、情報を確認中です」

これで黙っているようなら、記者団はプロ失格である。

「人数は、どうなんですか」

「なぜ、政府は把握していないんですか」

そうした質問が矢継ぎ早に飛ぶことになる。だが、アルジェリア人質事件での記者の反応は違っていた。菅の「厳しい情報に接しています」の一言が効いたからだ。

番記者たちもそれ以上、追及するのは憚《はばか》られた。

メディアを鎮静化し、追撃をかわす。菅が口にした言葉は、またとない妙手だった。

平成二五年一月二一日。菅は、被害者について記者会見ではっきりと発表する。

「七人死亡、三人安否不明」

菅が「日本版NSC（国家安全保障会議）」の必要性を本当の意味で痛感したのは恐らくこの時だったのではないか。それまでも頭にはあっただろう。だが、危機管理の要諦を身を持って知る機会があったからこそ、本気で取り組むことになる。

防衛官僚を一蹴

アルジェリア人質事件が発生した平成二五年一月一六日から三日後の一九日、菅は邦人救出のための政府専用機の派遣の検討を始めた。

「政府専用機を出そう」

そのとき、防衛省は何かと理由をつけては、頑なに拒否した。

「そこはテスト飛行をしたこともなく、初めての空港での離着陸になります。そんなところに、行けません」

「飛行ルートがロシア上空にかかることになります。外務省がロシア政府から許可を取るのに一週間ほどかかる」

つまり「できない」を繰り返し、首を縦に振らないのだ。

「自衛隊のパイロットは予行演習をしなければ離着陸できないのか？　アルジェリアに行ったことがないから行けないだと？　それなら機長は、全日空や日本航空に頼むから」

「ロシアの上空に行くのに一週間かかるだと？　ロシアだって、この現実を知っているんだろう。ロシアだって、人命救助の飛行の許可に、そんなに時間をかけるはずがない」

防衛省の官僚らを一蹴した。

菅は、難色を示す防衛省の抵抗を跳ね返し、小野寺五典防衛大臣に取り合ってもらい、邦人救出のために政府専用機の派遣を命じた。

官僚たちは、仕事の本質論よりも、前代未聞の仕事にタッチし面倒に巻き込まれたくないという本音が勝りがちである。そこで、総理の了解のもと、閣僚間で方針を決めた。

こうして、一月二二日に政府専用機が現地に派遣されることになった。

菅の一喝により、短時間で派遣が実現したのである。

インテリジェンス機能強化

安倍政権にとって、アルジェリア人質事件の教訓を踏まえた対策をどう整備するかが今後の課題となった。

安倍総理は、テレビ朝日の番組に出演し、「情報収集力は宿題だが、法的なものも含めて、どう課題を解決するかは考えていきたい」と強調。自衛隊による邦人輸送を可能にする必要な法整備を検討する考えを示した。

一方、菅も記者会見で「今日までの対応の中で、日本版ＮＳＣ（国家安全保障会議）の設置は極めて大事だと思う」と指摘。安倍首相が第一次内閣当時から創設を目指している官邸主導の危機管理の体制づくりを加速させる考えを示すとともに、人質事件への対応を検証し、在外邦人の保護対策強化に取り組む姿勢を鮮明にした。

安倍の指摘する情報収集力は大きな課題だ。

菅は、官房長官として情報を収集する能力がいかに大切かを痛感していた。

〈すべての情報の内容が違うのだから、たまったものじゃない。各省庁縦割りの悪い例だ。もし、ＮＳＣがあれば、そこで全部の情報を取りまとめ、私たちに情報が上がってきたはずだ〉

紛争を抱える国で日本人が拘束された時、現地から正確な情報をどうやって収集し、日本政府としてどう対応するのか。人命を守る上で障害となっている法制度と仕組みを早急に見直すことが不可欠との認識だった。

政府の情報部門と首相官邸の「連接」を重視する。情報こそが的確な意思決定の下支えとなるためだ。人質事件で苦慮した「収集」に加え「評価・分析」の機能も強化すべきで、それにはNSCが不可欠となる。

さっそく、安倍総理は政府対策本部で、事件の検証と企業などの安全対策に取り組むよう指示した。菅官房長官をトップに、関係省庁による検証委員会が翌週にも議論を始めることになった。

菅は同日の記者会見で「事件が起きる前、事件が起きた後でも迅速に対応できる安全策を作りたい」と強調。検証委が事件の教訓を洗い出し、さらに有識者の懇談会が具体策をまとめることになった。

アルジェリア人質事件から一〇カ月後の平成二五年一一月二七日、安倍総理肝いりの国家安全保障会議（日本版NSC）設置法が成立した。

菅は、成立後の記者会見で、NSC設置の意義を強調した。

「常日ごろから問題意識を共有し、全体を見渡す中で、安全保障政策についてさまざまな情報収集、対応が速やかになる」

NSC設置は、もともと第一次安倍内閣で目指した課題だったが、第二次政権で急速にその機運が高まった。きっかけは、政権発足後間もない一月に発生したアルジェリア人質事件だった。

菅は当時を振り返り語った。

「(各省庁が) いっしょになって機動的に物事を決定し、実行する体制がなかった。(政府の対処態勢が整うまで) 時間がかかった」

日本と外交関係が深いとは言えない北アフリカの情報収集・分析は容易ではなかった。被害者の安否情報や事件の背景などに関し、情報は外務省や防衛省、警察庁などから官邸に寄せられた。だが、情報は錯綜し、精度の見極めは困難だった。

NSCの設置で、これまで各省庁から縦割りで官邸に上がってきた情報は、NSCの事務局となる「国家安全保障局」に集められ、情報の正確さなどを分析したうえで、総理や官房長官に報告されることになる。

各省庁の情報に完全に依存するのではなく、官邸で独自に分析する能力を高めるため、国家安全保障局のスタッフを重視。外務、防衛、警察など各省庁から約六〇人が集められた。安保分野の経験豊富な官僚と自衛官に加え、北朝鮮や中国などの専門家も採用した。

NSCの中核となるのは、総理、官房長官、外相、防衛相による四者会合で、緊急性のない場合でも二週間に一回程度の頻度で開催されている。在日米軍再編問題、対中関係、北朝鮮の核・ミサイル問題など日々刻々と動く重要課題を協議する。アルジェリア人質事件のような緊急事態を想定した「緊急事態会合」では、案件ごとに関係閣僚が参加、対処方針などをあらかじめ検討する。従来の安全保障会議も九者会合として、NSC内に置かれる。

国家安全保障担当の首相補佐官もポストとして新設。「政治家のポスト」を想定しており、初代は法案作成を担当した参院議員の礒崎陽輔《いそざきようすけ》首相補佐官が就任。国会との調整を主に担当する。

官房長官の一日

菅官房長官の朝は早い。朝五時過ぎに起きて、一時間かけて新聞各紙に目を通し、六時半からのＮＨＫニュースを見る。重要項目がテロップに出ているので、そこからだいたいの世の中の流れ、問題を再認識し、毎日、午前と午後におこなう記者会見に備える。朝七時過ぎには、政治家、役所、経済界、マスコミ、金融などの専門家と朝食をともにして、生の声を聞くことから一日がスタートする。

また、議員会館で二〇～三〇分間、地元の対応や日程を整理してから官邸に入ることにしている。

官邸に入ると、五～一〇分刻みで面会者がやって来る。経済財政諮問会議や地方分権改革推進本部などの会議にも出席し、昼の時間も役所や専門家の話を聞く機会に充てている。

夕方、官邸での仕事が終われば、夜の会合に最低二カ所、日によっては三カ所、顔を出す。菅は酒を飲まないが、酒の席はまったく苦にならない。

遅くとも午後一〇時過ぎには帰宅し、一二時くらいには寝る準備をする。

官房長官の仕事は、総理を支える女房役であること。省庁間にまたがる施策を調整する役割がある。国会では、きちんと法案を通さなければいけない。また、スポークスマンとして内閣の考えを内外に発する。これらすべてを抱えると相当な重圧になる。菅も就任した当時は、非常に重圧を感じていた。

〈国家権力というものは、そういうもんだなぁ〉

そんなことを思いながら、それなりに覚悟しないとできない仕事だと肌身に染みた。

官房長官は、総理とともに、国家の命運と国民の生命と財産を預かっている立場にあり、一刻の安息も許されないポストだ。

総務大臣を経験していたため、それなりのことはわかっていたつもりだったが、やはり閣僚を経験した人でなければ官房長官は務まらないと思った。

日々が、次から次と襲ってくる重圧との戦いだ。

北朝鮮がミサイルを発射すれば、深夜でも官房長官に一報が入る。防衛省は二四時間だ。午前三時には防衛省の会議を開き、その後、午前五時からＮＳＣの会議が開かれる。それらの連絡すべてが官房長官のもとへ寄せられる。

四六時中、気が抜けない。

官房長官に就任したばかりのころは精神的にも大変だったが、しばらくするとリズムがつかめてきた。神経をイラつかせないようにコントロールする能力も官房長官には必須なのであろう。

財務官僚を嗜める

デフレ・円高からの早期脱却をめざす安倍政権は、平成二五年度の経済運営で円高是正を最優先課題の一つと位置付けることを明確化した。これまでの為替状況が厳し過ぎたとの認識から、現状の相場水準でも「行き過ぎた円高の修正過程」と麻生財務大臣が発言。

菅も記者会見の場で、「『過度な円高が是正されている段階』というのが政府の見解だ」と述べていた。

政府として、明確に円高是正を打ち出す方針は、自民党総裁選、衆議院選挙を通じて安倍の公約でもあった。

九〇円を超える円安になり始めると、財務省は、菅の会見に注文をつけてきた。

「『過度な円高の是正段階』という言葉は、使わないでほしい」

菅はたずねた。

「なんでだ」

これに、財務省の官僚が答えた。

「いや……、日米関係上、アメリカから円安誘導と厳しく指摘されますし、国際問題になりかねません。」

海外から受けている円安批判に、これ以上油を注ぎたくないという、自分たちの立場で注文を付けてくるのである。

菅は嗜《たしな》めた。

「そんなことを言ったって、日本はリーマンショックの時いくらだった？　リーマンショック前の水準よりはるかに円高ではないか」

これで終わりであった。

菅は、官僚の思惑通りには動かない。確かに、財務官僚とは違い金融のプロではないが、学者や経済人に相談する人はいる。総理と意思疎通をした上での発言である。

菅には、各省庁に一人は、本音で話せる人間がいる。

〈その人がそう言うのなら、間違いない〉

そこまで信頼できる人間である。

政権を運営していく中で直面する問題には、菅自身がすべて判断を下せるということばかりではない。自分だけでは判断を間違ってしまう場合もある。そういう慎重な判断を迫られたとき、菅は、ためらわず相談できる相手に訊くのだ。

「どのようにすべきか、率直に聞かせてほしい」

そして、その答えを基準にして、マスコミ、学者、経営者等に相談して最終的な判断を下すようにしている。これは、横浜市会議員時代からの菅の癖である。

「答えない権利」

菅は、官房長官に就任した当初、記者会見には苦労した。自分の発した言葉は自分だけの言葉ではなく、安倍政権を代表する言葉であり、日本国の言葉として世界に発信される。例えば、中国、韓国との歴史的な問題では、少しでも踏み込んだ発言をすると、すぐに国際問題にまで発展する。

どこまで発言していいのか。これ以上、発言したら他国を刺激することにはならないか。無難にしていては安倍政権の主張を伝えられず、かと言って、過激にしすぎてもいけない。そのあたりの見極めがむずかしかった。

就任当初は悩み、会見での発言はどうしても慎重にならざるをえなかった。

そのようなおり、元アメリカ国務長官のコリン・パウエルの著書を読んだ。元軍人で制服組からたたき上げた、黒人初の国務長官もまた、記者会見に苦労したという。苦労した末に到達

したのが、

「記者には質問する権利がある。国務長官である私には、答えない権利がある」

ということであった。

菅自身が振り返ると、たしかに、自分は、質問を受けると、それに対して、真正面から答えないといけないと思いこんでいた。それが自分自身を縛りつけていた。そのことに気づいてしまうと、ふっと肩の力が抜け切ったような気分だった。

オフレコはどうして流れるのか

官房長官の定例記者会見は年間約四〇〇回開かれている。一日二回が原則だが、お盆や夏休みの時期には一回になったり、開かれなかったりする。閣議のおこなわれる火曜日と金曜日のみで週に二日だけという時期もある。

一週間に平日が五日間。一日二回だと、週に一〇回。多いときは一カ月に四〇回に及ぶ。このペースで一年間を駆け抜けると、四八〇回。だが、夏休みの期間などを除くと、約四〇〇回に落ち着く。

「今日は面倒だ。会見はなしにしよう」

長官や官邸がそんなふうに考えることはないのだろうか。

一日二回の長官会見は記者側と官邸の間で「暗黙の了解」となっている。一方的に拒否することはできない。

今では一日二回が慣例だが、昭和四六年七月に歴代最年少（当時）の四七歳で第三次佐藤内閣の官房長官として初入閣した竹下登は三回おこなっていた。竹下は田中角栄内閣で二度目の官房長官を務めている。

一日二回の会見は政権にとって単なる「義務」ではない。利点もある。今や会見には英語の同時通訳がついて全世界に配信されている。諸外国政府は日々の会見を視聴し、分析する。

番記者から見た菅は「記者を大事にする政治家」。少なくとも彼にとってはそうだ。

「記者を大事にする」とは別に常日頃から酒食を共にし、親睦を図ることではない。むしろ、菅が記者とそうした形で付き合うことはほとんどない。ただし、質問に対して露骨に嫌そうな顔をしてみせたり、皮肉を言ったりすることは一度もない。そういう意味での優しさを持ち合わせている。

例えば、夜回りでのやり取り。番記者は菅番になって以降、ほぼ毎日、取材のため、菅の自宅付近に足を運んだ。

菅は官房長官に就任した直後、赤坂の国会議員宿舎に引っ越している。それまでは横浜にあるマンションに住んでいた。当時の夜回りでは自宅とマンション入り口の動線の途中に場所を決めて対応していた。

赤坂の議員宿舎では、玄関を入ったところ。受付のようになっているあたりがお決まりの場所だ。夜回りの間は政治家も記者も立ったままだ。

〈菅さんの発言には正直言って、中身が伴わないこともある。録音したテープを起こしてみたら、内容が濃くないこともある。ただ、嫌な顔はせずに毎日話してくれる。メモを作って上司に上げたとき、「あ、こいつは仕事してきたな」と思わせるくらいのことはしゃべってくれる〉

つまり、こういうことだ。菅は自分を担当してくれている番記者に「恥をかかせてはならない」と配慮しているのだ。夜回りのメモを見たキャップやデスクが「何だこれは」と言ってくるような内容にはしないよう心掛けている。

官房長官の重責を担っていれば、「今日はしゃべりたくない」「つつかれたくない」という日もあるだろう。閣僚が失言でもした日であれば、なおさらだ。それでも菅は真正面から記者を迎え入れる。裏口から帰るようなことはない。この点は官房長官就任前から一貫している。

同じ自民党の大物政治家でも、中には夜回りで露骨にムッとする人間もいる。

だが、菅にはこうしたところがない。一言でいえば、「安定感」だろうか。本人の気分で記者への対応が変化することはない。

菅に似たタイプに自民党政調会長の岸田文雄がいる。発言の中身はともかく穏やかに応対するという。「自分の番記者に恥はかかせられない」との意識も強く持っている。

官房長官の定例記者会見を見ていると、誰もがあることに気付く。菅の発言が過剰なまでに慎重であることだ。菅は記者が二人以上いるところでは、まず話さない。

長官とたまたま居合わせたとする。その場に他社の記者がいたら、まずしゃべることはない。差しの席でしゃべってくれたとしても、そのまま書いてしまえば、「彼だな」と簡単に察しがついてしまう。菅を取材する場合、記者の数が少なければ少ないほど深い話になる可能性が高まる。一方、それに比例して書いてはまずい度合いも上がっていく。

時折、週刊誌の誌面を飾る定番企画に「主要閣僚・党幹部のオフレコ発言を全部書く」類のものがある。今でこそ「慎重派」で鳴る菅。だが、かつてこうした記事に自らの発言が出てしまった苦い経験がある。

麻生内閣当時の平成二四年、菅は自民党選挙対策副委員長を務めていた。この年の東京都議会議員選挙で自民党は歴史的惨敗を喫する。その選挙前、夜回りのオフレコ取材に菅は応じていた。記者から質問が出る。

「自民党候補全員に応援に出向いている。麻生さんは都議選で負けたら責任を取らざるを得ませんよね」

菅は、生返事で答えた。

「まあ、いろいろと考えながら応援しているんだろう」

だが、この発言を一社が「麻生総理、都議選負ければ責任も」と大々的に報じた。オフレコで、軽く言った発言を本人の確認もとらずに自分の主観で報じる記者の無責任さ。記事の中で発言者を特定はしていないが、永田町では菅が言ったものだと誰もがすぐわかる。

この経験があったからこそ、菅は今、記者への慎重すぎる応対で知られるまでになった。以来、菅はこんな認識を持つようになった。

〈こう言う場でオフでしゃべったことであっても、記者に書かれたらえらい迷惑だ〉

番記者が見た菅官房長官像

番記者で菅を嫌っている者はほとんどいない。もちろん、個々の記者がどう接しているかは藪の中だ。ただ、菅の振る舞いからこんなことが察せられる。どの記者も「菅と一番仲がいいのは俺だ」と思い込んでいるのではないか。菅には「人たらし」のような特性が見え隠れする。

番記者が一堂に会し、菅を囲んで食事を取る会も年に二〜三回はおこなわれる。ごく最近も菅の故郷・秋田で懇談があった。自民党秋田県連の大会に出席した折のことだ。

菅は、官房長官として官邸から離れられない立場にあるが、参議院選挙の応援で秋田や山形に入っている。地方出張の際に開かれることが多い懇談をおこなった。

懇談では食事を共にし、話をする。地方以外では年に一～二回、都心の飲食店に集まるのが慣例だ。

懇談に集う記者は総勢二〇人近くに上る。地方紙の記者であっても、内閣記者会に加盟し、登録してあれば、「長官番」として扱われる。こうした場には顔を出すのが常だ。

菅は下戸《げこ》。記者で飲める者はアルコールを注文する。菅の前にはペリエか烏龍茶のグラスが置かれている。

酒を飲まないから、食べるかといえば、そうでもない。菅はダイエットをしている。食事についても節制を心掛けているので、それほど量を食べることはない。

「懇談」とはいえ、プロ野球や人気女優の話に花が咲くことはない。菅とひざを突き合わせて話す機会はほとんどない。番記者たちはみな、仕事の話を聞きたがる。菅は言葉数は決して少なくない。だが、内容といえば、結果的に何も言っていないに等しいことがほとんどだ。

浮いた噂の一つもない。女っ気は限りなくゼロに近い。番記者の一人は愛人の有無について「絶対にいない」とまで言い切る。

菅は毎晩、二件ほどの会合に顔を出す。時に三件四件と増えることもある。

二件目がお開きとなるのは午後一〇時頃だ。そこから赤坂の議員宿舎に帰宅。夜回りの取材を受けて、一日が終わる。

番記者は政治家と付き合っていく中で女性がいる飲食店に出入りすることもある。時には、銀座のクラブに同行したり、もっと下世話なところに連れていかれることもある。菅番に限っては、そうした店とまったく縁がない。噂のレベルでも、菅の話はまず聞かない。

〈菅さんは本当に仕事が趣味の男。人と会って話すのが仕事と心得ているんだろう〉

記者の目から見ると、決して付き合いやすい政治家ではない。はっきり言えば、記者泣かせ。しゃべらないことでは永田町でも群を抜く。口の堅さには定評のある人物である。何しろ飲まない。つい酒が過ぎて口が滑った、ということがないのだ。

普段から禁欲的な暮らし向きに徹している。横浜駅前のタワーマンションが自宅だが、官房長官就任以来、赤坂の議員宿舎住まいを続けている。官房長官は官邸の近くにいなければならないからだ。

朝から晩まで追いかけている番記者の実感である。菅の趣味は政治そのものにある。

〈菅さんは真昼間、珈琲とお茶で腹を割って話せる。これは政治家としての武器だ。永田町には酒を酌《く》み交わしながら信頼関係をつくる文化がある。菅さんにはこれが当てはまらない。朝食だろうが、昼食だろうが、酒席だろうが、関係ない。菅さんにとっては「朝」はもうすでに「夜」なんだろう〉

食べものでは野菜を好む。特に好きなのがサラダだ。酒は飲まないから、甘党でもある。

禁欲的——。これは菅を物語るキーワードの一つかもしれない。食事も自らの欲望も等しく管理する。そこで抑制した分は権力と政治の舞台で花咲かせるのだ。欲望はここで満たす。菅は二四時間政治家である。

鉄道通の官房長官

菅には際立った特徴がある。「人の話をたくさん聞く」ことだ。

財官学各分野の専門家の話に耳を傾ける。朝食や昼食、酒席といった場でじっくりとだ。名前のある権威ある有識者ばかりではない。番記者の友人でもある若手ビジネスパーソンと会うことも厭《いと》わない。

これだけ多くの専門的な知見に触れながら、「素人感覚」を持ち続けていられる。菅の特徴はここにある。多くの政治家は特定の政策分野に通暁《つうぎょう》してくると、「俺はこの道のプロだ」と必ず広言を吐くようになる。この過信によって判断を誤った例は枚挙にいとまがない。永田町では古くから「自称政策通」こそが得意分野をきっかけに躓いてきた。

菅は恐らくこのことに気づいている。ある分野にどれだけ詳しくなっても、決して「俺は知っている」という顔はしない。

愚直なまでにその道の専門家、当事者の話を聞く。空気感を見る。世論調査の数字もバカにせず、詳細に検討する。その上で判断、決断に至る。菅はこうした作業を意図的に積み重ねている。「政治勘」を鈍らせないための努力を常に怠らない。

平成二六年一〇月にサントリーホールディングス代表取締役社長に就任した新浪剛史《にいなみたけし》。菅と親しい財界人の一人だ。都内のホテルで朝食会も開いている。昭和三四年生まれの新浪は、経営者としては若手の部類。こうした人物にもつながる多種多様なチャネルを菅は持っている。

「霞が関の全省庁には、本音で話せる官僚がそれぞれいる」

菅はときどきそう口にしている。それらの役人とは頻繁に接触を繰り返しているようだ。

番記者が知っているのは「鉄道通」としての横顔だ。菅がかつて秘書として仕えた衆議院議員・小此木彦三郎。運輸政務次官や衆議院運輸委員長を歴任した運輸族の代表的存在だ。菅はその秘書として運輸省の若手キャリア官僚と渡り合っていた。当時の若手も今や幹部級に出世している。菅は彼らとの付き合いを維持してきた。鉄道行政やＪＲといった分野については自民党でも有数の知識を誇っている。

そして、菅流がもう一つ。政策は中身の良しあしだけで判断しない。「誰がやるの」が評価の決め手だ。政策についての理解が深まったら、誰にやらせるかを考える。考え抜く。それが菅という男だ。

人を見抜く力。菅と凡百の政治家を隔てる才の突端でもある。

総理との阿吽の呼吸

〈自分の行く先々で生まれた人とのつながりを途切れさせない人〉

菅の番記者だった産経新聞の山本雄史《やまもとたけし》は菅義偉をそう見ている。

多くの政治家は要職を歴任するたびに知己を増やしていく。だが、そうした関係は新しい仕事に就くたびにいったんご破算になるのが通例だ。菅のように何年、何十年と持続させている例は、めったにない。

一方で、菅は新しい才能に目を付けるのも抜群に早い。例えば、元大阪市長の橋下徹や松井一郎、松野頼久《まつのよりひさ》と親しい間柄とはいえ、いち早く注目していた。

菅の体質は、イデオロギー政治家とは一線を画すものだ。例えば、石原慎太郎《いしはらしんたろう》のような「イデオロギー」を感じさせることはまずない。

むしろ、行財政改革や経済成長策といった具体的な政策に触ることで本領を発揮してきた。橋下とはそうした面で共通点を持っている。

そこで誰もがある疑問にとらわれる。菅にとって最大の盟友である総理・安倍晋三。安倍はイデオロギーを前面に押し出した政治家という意味では現在の永田町でも屈指の存在ではないのか。

〈その二人が、どうしてウマが合うのか、なぜかはわからない。でも、きっと何か理由はあるのだろう〉

山本はそうにらんでいる。菅と安倍。二人の信頼関係は漢の高祖劉邦《りゅうほう》と、彼に仕えた軍師・張良《ちょうりょう》の紐帯《ちゅうたい》を想起させる。関係は今もって良好そのもの。安倍は菅を信じ切っており、すべて任せている。

「総理と官房長官は、一日一回は会わないとうまくいかない」

菅はそう公言している。だが、この言葉を額面通りに受け取るわけにはいかない。裏はある。番記者には腑に落ちるものがあった。

菅の言葉の真意を測るには、総理官邸の構造を頭に描いてみる必要がある。総理大臣執務室と官房長官室は隣り合っている。取材記者はそこまで立ち入ることができない。官邸内に設置されたカメラの映像モニターを見詰めている。全国紙が掲載したり、通信社が配信したりする「首相動静」の記事はこうして作られているわけだ。

菅が官房長官室を出て、廊下を通り、隣の総理執務室に入る。これは番記者もモニターで確認できる。だが、官房長官室と総理執務室を結ぶ経路はこれだけではない。内部でも通じている。ただ、こちらを通って政治家が行き来する場合、監視カメラの映像にはまったく映らない。菅のいう「毎日会う」にはこうした行き来も含まれているのだろう。

政治家は大物になればなるほど、新しい出会いの機会に恵まれなくなってくる。菅は数少ない例外である。菅の周囲には新参者を拒まない空気が横溢している。

菅は、毎日のことだけに、国民感情なども考え、株価への影響も考えて、短時間の会見にのぞむ。しかし、どれほどの批判を受けようとも、迎合せず、流されず、あくまでも政府としての立場をはっきりとさせる。その意味でも、発言することと発言しないこと。それをきっちりと弁えている。

安倍総理が決定を下すべき案件も数知れない。長期政権となって、その数は多くなるばかりだ。

総理官邸のグリップ役としての手腕が高く評価されている、官房長官の菅義偉は、安倍総理と顔を合わせるのは、一日のうちで二度か三度である。

一回あたり、せいぜい五分ほどで退席する。

その短い時間に、重要案件のみ、総理の判断、決断をあおぐ。

「はじめに」で触れたように一〇の案件があると、菅はそれをABCの三つに絞っていく。

そのときも、ABCの三案をそのまま提示するのではなく、A、B、Cの三案のうち、判断を総理にすべてゆだねることはない。

「このようなABCの三案があって、私はこのうちB案にすべきと考えています。こういう方向でどうでしょうか」

あくまでも、官房長官の立場から見た解決策を提示する。

安倍総理の判断は、菅の判断とほとんど変わりない。ずれることはほとんどないという。政権運営を続けるうちに、「あ・うん」の呼吸を手に入れたわけではなく、これは菅が官房長官になったときから続いている。安倍総理が考える方向性や判断の基準となるものがわかっているので、その尺度から考えることで答えは導かれるという。

第一次政権の蹉跌

菅義偉官房長官は、安倍晋三総理の部屋にひんぱんに出入りして、まめに連絡や話し合いの場を設けていた。

世耕弘成官房副長官（当時）から見ても、二人の息はピッタリ合っていた。安倍が菅に対して全幅の信頼を寄せて仕事を任せているのが、近くで見ていてよく分かるのである。

この二人はイデオロギー的に結ばれているわけではなかった。そもそも菅は〝イデオロギーの人〟ではない。菅は、自分に与えられた仕事に責任をもって全力を注いでいるのである。

逆に、菅は専門外の人事や選挙対策、総理の専権事項に係わることには絶対に口出しをしなかった。出世するに従ってその権力を誇示したがる人間は多いが、菅義偉に限ってそうした部分はまったくなかった。

世耕は思った。

〈菅さんは、安倍総理の権限をしっかりと意識して、自分がすべきことと明確に分けて仕事をされているな〉

だからこそ、安倍も菅に安心して仕事を任せられるのだろう。

安倍総理と、菅官房長官の組み合わせ。これも絶妙なコンビだと世耕は思っている。

「菅長官は、全面的忠誠心で支えている。だからこそ、言うべきことも言わなきゃいけないという立場。だけど一〇〇％私心なく支えている」

誰よりも「しんどい」のは、菅官房長官だろうと世耕は言う。

総理大臣は、それでも出張があったり、河口湖で一〇日間ゴルフをやったりと息抜きもできる。しかし官房長官という職務は、一瞬たりとも東京を離れることが出来ないのだ。

そういう人物だからこそ、安倍総理も全幅の信頼をおいているのだ。どんなに厳しい言葉であっても、自分の事を考えて言ってくれているのだ、しっかりと耳を傾けよう、そう思わせる存在なのだ。

官房長官の在籍日数が歴代一位だというのは、そういうこともあってのことだ。「いい政権」だということだろう。

かつての小泉政権時代の福田康夫官房長官は、名補佐役として名を馳せたが、癖のある人物だった。新聞雑誌などのマスコミに対しては、嫌味のある対応をした。

対して、菅官房長官はそういう嫌味なところがない。ただ、絶対同じ答えしか言わないという評判がある。

「そこはものすごい安全運転ですよ。絶対に自分で解釈したりしない。手元の紙の範囲しか言わない」

記者を相手の応答に失敗すれば、安倍政権に「迷惑」がかかる。だから菅官房長官は自己主張をしない。常に政府の公式見解以外の事は言わない。何十回聞かれても同じ事しか言わないのだ。

菅には菅で、官僚との関係性で、横浜市議会議員時代からわきまえていることがある。

「官僚と渡り合うときには、理屈で勝負しなくてはならない」

彼らは頭脳明晰だ。いくら感情論で説得しても動かすことはできない。あくまでも、理論、理屈でねじ伏せなければならない。

この際、菅が官僚に負けないのは、あくまでも国民の目線から見て、「当たり前」のことを主張するからである。

安倍晋三総理大臣は、筆者に菅官房長官について次のように語った。

「第二次安倍政権には、第一次安倍政権で政権運営を経験した人も多い。成功も失敗も、ともに経験しています。私自身も含めて、失敗から多くのことを学んでいます。

菅義偉官房長官も、第二次安倍内閣の発足時に官房副長官を務めていた世耕弘成参議院幹事長も、第一次安倍内閣で総務大臣と総理補佐官として支えてくれていました。菅官房長官は、アンテナを広く張り、何か問題があれば、事前にそれを摘んでおくような役割を果たしてくれています。彼は、非常に闘将タイプの人間ですから、平時にも強いですが、乱世にも強いというタイプです」

菅官房長官は、安倍総理が第一次政権とは別人のように力強いのは、一期目で学んだ面があるせいだという。

「第一次政権は急ぎすぎた、気負っていた。『これをやろう』『あれをやろう』と。第二次政権はやるべきことを全体を見渡しておこない、全体の様子、国民の声を自分で感じ取りながら進めている。一回目の失敗した経験が大きかったと思います。後は、健康に自信を持てるということですね。昔はビール一杯全然飲めなかったのに。今はビールからワインまで飲めるようになりましたから」

さらに、長くやっているから、国際的にもリーダー格になっているという。

「例えば、国連総会に行った場合でも、安倍総理と会談したいという申し込みがものすごく多い。かつてないぐらいのことです。日本に来たいという国家首脳がものすごく多くなりました。アメリカの場合は、いわゆる日本の外交官は米議会の要職の方とはなかなか会えない。が、いまや国会議員など米議会の要人とも会えますから、日米関係上も非常に効果的だと思います」

第四章　長期政権の危機管理人

安倍政権の「危機管理人」――靖国参拝と歴史認識

平成二四年一二月二六日夜、皇居での認証式を終え、安倍内閣が発足した。

新閣僚には新藤義孝、下村博文《しもむらはくぶん》、稲田朋美ら所謂「タカ派」がそろった。中国、韓国との関係が厳しい中、安倍政権の歴史認識に注目が集まった。

果たして迎えた初閣議。官房長官に就いた菅は閣僚たちを見回し、こうクギを刺した。

「歴史認識については内閣で統一する。発言は慎重にするように」

菅の役回りは安倍政権のいわば「危機管理人」だ。政権に忍び寄るリスクの芽を摘み取ることが仕事だ。

菅にとって、日韓、日中の歴史問題は、極めて難しい問題であった。

保守政治家を標榜する安倍は、平成一九年の総理辞任後、毎年欠かさず終戦記念日の八月一五日などの節目に靖国神社への参拝を続けてきた。が、平成二四年一二月、総理に返り咲いて以降は見送ってきた。代わりに内閣総理大臣名で真榊《まさかき》を、自民党総裁名で玉串料を奉納した。

それでも第一次政権当時に参拝を見送ったことを「痛恨の極み」と悔やむ安倍は、参拝のタイミングを慎重に探っていた。

菅は、安倍が平成二四年九月の自民党総裁選、同年一二月の衆院選などで、「第一次内閣で参拝できなかったことは『痛恨の極み』だ」と述べていることを、当然知っている。また安倍には「国民のみなさんに参拝を約束した」という思いがあることもわかっていた。

安倍の周辺は「参拝しなくても中韓は日本批判を繰り返している。ならばいっそ参拝する手もある」と語る。側近の一人の衛藤晟一《えとうせいいち》総理補佐官（当時）は平成二五年一一月、安倍の靖国参拝に対する米国の感触を探るため訪米し、米政府の日本担当者らと会談した。

第二次安倍政権発足から一年間で、東南アジア諸国連合（ASEAN）一〇カ国すべてを訪問した安倍には、近隣諸国と信頼関係を築いたという自負がある。

そして、安倍総理は就任一年を迎えた同年一二月二六日午前、東京・九段の靖国神社を参拝する。

参拝後、安倍は報道陣に対して説明した。

「残念ながら靖国神社参拝が、政治外交問題化しているが、その中で、政権が発足して一年、安倍政権の歩みを報告し、再び戦争の惨禍で人々が苦しむことがないようにお誓い申し上げた。靖国参拝はいわゆる戦犯を崇拝する行為であると誤解に基づく批判があるが、一年間の歩みを報告し、二度と戦争の惨禍によって人々が苦しむことのない時代をつくるという決意をお伝えするためにこの日を選んだ」

また、中国、韓国に対して語った。

「理解していただくための努力をこれからもしていく。謙虚に礼儀正しく誠意をもって対応し、対話を求めてまいりたい。ぜひ、この気持ちを直接説明したい」

菅も一二月二六日午後の会見で、中国や韓国が強く反発していることについて、「韓国・中国は日本にとって重要な隣国であり、靖国参拝をめぐる問題で両国との関係全体に影響が及ぶことは望んでいない」とし、その趣旨を謙虚に説明していく考えを示した。

また、同盟国である米国が「日本の指導者が近隣諸国との緊張を悪化させるような行動を取ったことに失望している」との声明を出したことについても、「しっかりと参拝の趣旨を説明し、理解が得られるよう努めていきたい」とした。

安倍は「国のために戦い、倒れた方々に対し、手を合わせ、尊崇の念を表し、ご冥福をお祈りするのは当然だ」との考えであり、その考えに菅も異論はまったくない。基本的な考え方は、安倍も菅も同じであり、安倍は参拝で不戦の誓いをしただけなのだ。また、安倍の歴史認識や外交姿勢にも変化はない。安倍自身が述べている通り、菅も、謙虚に誠意をもってその思いを関係国に説明し、理解を求めていくだけである。

一方、靖国参拝から約二カ月経過したころ、衛藤晟一総理補佐官が動画投稿サイト「ユーチューブ」に公開した動画で、安倍首相の靖国神社参拝に対する米国の反応を「むしろ我々の方がdisappointed（失望した）という感じだ。同盟関係にある日本をなぜ大事にしないのか。

アメリカがきちんと中国にものを言えないようになりつつある」と発言し、話題になった。

菅は、この事実を知り、早急に対応にあたった。

衛藤に、電話で真意を問いただしたところ、「個人的見解を述べた」ということだった。

そこで、菅は「総理補佐官は内閣の一員ですから」として、衛藤に個人的見解は取り消すよう指示し、衛藤も動画をすぐに削除した。

また、平成二六年（二〇一四年）二月二〇日午前の記者会見では、「衛藤総理大臣補佐官の発言は、あくまで個人的な見解であって、日本政府の見解ではないことを明言したい」ともした。

菅からすれば、衛藤は、安倍が一番信頼している政治家である。そのため、逆に、衛藤が発言することで、安倍が自分では言えないから衛藤に言わせているんだという見方をする人たちも出てくることを危ぶんだ。そんな誤解を生まないためにも、菅は急いで取り消すよう指示したのである。

同様に、平成二五年七月二九日、麻生太郎副総理・財務・金融大臣が、夜の講演で、憲法改正を巡り「ドイツのワイマール憲法はいつの間にか変わっていた。あの手口を学んだらどうか」などと発言していたことが明らかになったことがある。

このときも、麻生の発言は、誤解されることがわかっていたため、拡散する前に取り下げるよう、菅は求めた。

それから三日後の八月一日午前、麻生は財務省内で記者団に、憲法改正を巡り戦前ドイツのナチス政権時代を例示した自らの発言を撤回するとの談話を発表した。

「憲法改正については、落ち着いて議論することが極めて重要と考えている。この点を強調する趣旨で、十分な国民的理解や議論のないまま進んでしまった悪しき例として、ナチス政権下のワイマール憲法に係る経緯をあげた」と発言の意図を説明。

「誤解を招く結果となったので、ナチス政権を例示としてあげたことは撤回したい」

安倍政権への誤解や障害を事前に取り除いていくことも、官房長官としての菅の仕事である。

慰安婦問題への眼

平成二六年二月、安倍内閣は、従軍慰安婦制度への旧日本軍の関与を認めて謝罪した平成五年の河野洋平《こうのようへい》官房長官談話の作成過程についての検証に着手することを示した。それから四カ月後の六月、河野談話作成過程検討チームの報告書を発表した。

菅は、記者会見で述べた。

「河野談話の作成過程に関し、これまで明らかにされていなかった事実が含まれている。平成一九年に閣議決定した政府答弁書を継承する政府の立場は変わらない。慰安婦問題については筆舌に尽くしがたいつらい思いをした方々の思いに非常に心が痛む。政府の立場は変わらない」

検証についての動きは、二月二〇日の衆議院予算委員会において、日本維新の会所属（当時）の山田宏《やまだひろし》が、談話作成に関与した石原信雄《いしはらのぶお》元官房副長官に質問したことがきっかけだった。

このとき、石原は、慰安婦募集の強制性を認めた平成五年の「河野洋平官房長官談話」について、韓国での元慰安婦一六人の聞き取り調査に基づいて作成したが、裏付け調査をしなかったことを明らかにした。当時の事務方のトップとして、作成過程を初めて公の場で証言した。

韓国側の強い要求でおこなわれた元慰安婦一六人の聞き取り調査については「事実関係の裏付け調査はおこなわれていない」としたうえで、「当時の状況として、裏付け調査をこちらが要求するような雰囲気ではなかった」と明言。

さらに、談話作成の過程で韓国側とすり合わせをしたことに関し、「私は承知していないが、この種のものをまとめる段階で、何らかの事務的なすり合わせはあったのかもしれない。作成過程で意見のすり合わせは当然行われたと推定される」と指摘した。

河野談話に対しては「慰安婦の募集は主として業者が行い、その過程で官憲や軍が関わった可能性があるという表現になっている」と述べ、「日本政府や日本軍の直接的な指示で慰安婦を募集したことを認めたわけではない」と強調した。

河野談話が発表された当時の日韓関係は、非常に悪化している時期でもあった。

日本政府は、河野談話を発表することでこの問題に終止符を打ち、未来志向の関係を打ち出そういう思いの中で作成されたものだった。

石原は、「河野談話によって過去の問題は一応決着して、これから日韓関係は未来志向でいきましょうという話で、取りまとめが行われた。当時は、それによって一応、少なくとも韓国政府側は、この問題を再び提起することはなかった。しかし最近に至って、韓国政府自身がこれを再び提起する状況を見せており、私は当時の日本政府の善意というものが活かされていないということで非常に残念に思っております」と述べている。

慰安婦問題を含む日韓の請求権に関わる問題は、昭和四〇年六月二二日に締結された日韓請求権協定で解決済みである。それにもかかわらず、この問題を持ち出してきた韓国側のことを慮《おもんばか》って河野談話を作成し、その後、日本政府主導で平成七年に「女性のためのアジア平和国民基金（アジア女性基金）」を設立し、元慰安婦に償い金を支払うとともに、当時の橋本龍太郎総理がおわびの手紙を出している。

菅は二月二八日の衆院予算委員会で、石原元官房副長官が言及した河野談話作成過程における日韓間の摺合わせの実態について、政府にチームを作って検証する方針を発表した。

しかし、この表明を受け、韓国政府は「歴史認識の根幹を崩すもの」と強く反発した。

安倍は、第一次安倍内閣時代の平成一九年三月一六日、「河野談話をこれからも継承していく」としつつ、「政府が発見した資料の中には、軍や官憲によるいわゆる強制連行を直接示すような記述は見当たらなかった」とする政府答弁書を閣議決定している。

韓国は日本にとって大事な国であり、韓国も日本は大事な国であるはずだ。慰安婦、竹島など問題はいろいろあるが、問題があるからこそ考慮すべきなのだ。菅にとっての、今後の日韓関係のあるべき姿は、「大局的観点から重層的で未来志向の日韓関係構築へ、韓国と一層協力していく」というものである。

その姿は、日中関係でもいっしょである。

日本政府としては、日本の立場を毅然とした態度できちんと主張しつつ、同時に冷静に対応していくことが必要だ。

小泉政権時代の日中関係は悪かった。しかし、第一次安倍政権が発足したとき、戦略的互恵関係ということで、そこから日中関係は改善したのである。菅は、その原点に立って対応していこうと考えている。

日本は隣国との関係が悪すぎると評する人たちがいるが、中国と韓国以外の隣国とはすべて良好関係を築いている。ＡＳＥＡＮ諸国はじめ、世界の国々から、日本の国際協調主義に基づく積極的平和主義には、多くの国々から評価を得ているという自負もある。

実は、中国との経済関係は悪化せずに進んでいる。中国から日本への観光客も前年比で八割ほど増え、以前のような状態への回復が見られるほどだ。

日本と中国は世界第二位、三位の経済大国だ。アジア太平洋地域、国際社会の中でも、平和と繁栄に責任を持つ両国であらねばならない。そのため日本政府は、「常に対話のドアはオープンである」と言ってきている。

だからこそ、菅は思うのだ。

〈問題があるからこそ、会談をするというのが自然のことじゃないだろうか……〉

沖縄県・尖閣諸島をめぐる問題で日中関係が悪化して以降、日本の閣僚が中国を訪問して閣僚同士の会談をすることはなかった。

しかし、平成二六年五月二七日、茂木敏充経済産業大臣は中国の高虎城《ガオフーチョン》商務相と会談。太《お》田《お》昭宏《たあきひろ》国土交通大臣も六月二七日、北京の人民大会堂で劉延東《リュウイエンドン》副首相と会談した。

日中首脳会談の実現に向けて、中国側の態度も軟化し始めていることがうかがえる。

それでも、菅は、あくまで日本の主張を曲げてまで会談する必要はないとの考えで一貫しており、自然な形で実現することを願っている。

TPP交渉

安倍は、TPP交渉を菅にとりまとめるよう指示した。

さっそく菅は、茂木敏充経済産業大臣、林芳正農林水産大臣、岸田文雄外務大臣の四人で内密に会合を重ねた。

そこで、まずは政治主導で内閣として基本方針を取りまとめ、ある程度まとまったところで、総理に報告をする。

その結果、甘利明内閣府特命担当大臣が、TPP担当大臣に就任した。

その後、安倍内閣はTPP交渉参加を決断、「聖域」とした農産物の重要五分野にも関税撤廃の波が押し寄せた。

自民党の西川公也《にしかわこうや》TPP対策委員長は、平成二五年一一月一日、宇都宮市の講演で言い切った。

「日本の農業を弱くしたのは誰の責任だ。一番は農林族といわれる政治家の責任、二番は農林官僚だ。三番は農業団体の指導者の責任だ。罵声が飛んでもひるみません」

西川は、麻生太郎政権の平成二一年、当時の石破茂農林水産大臣が生産調整をするかどうかの判断を各農家に委ねる「減反選択制」を打ち出した際、他の農林族議員とともに「生産調整は堅持だ」と猛反対した。

それが、TPP交渉では石破と二人三脚で党内を仕切っていた。菅とは頻繁に電話でやりとりするなど官邸サイドとも連携。「官邸の毒まんじゅうを食った」との批判も意に介さない。

菅は、西川との腹合わせはなかったが、内心で思った。

〈西川さんらしいな〉

石破は、現状を憂えて農業を何とかしたいと思っている。ＴＰＰは日本の農業改革のきっかけになるだろう。だが、その前に農業の危機が見えていた。農水省を中心に官邸と党が危機感を共有していた。

最近、西川の言動にしびれを切らし「もう黙っているわけにはいかない」と直訴する農水省出身の若手議員には「何を言っているんだ。君たちが何もしなかったからじゃないか」と一喝したほどだ。

農林族はどのようにして力を付けたのか。

戦後の農政は、食糧管理法（食管法）でコメは政府が全量固定価格で買い上げており、農家は生活の安定が保証されていた。しかし、高度経済成長とともに、コメの在庫が急増。政府は昭和四五年に新規の開田禁止など本格的なコメの生産調整に乗り出した。そこに、農家のために米価下落を食い止めようとする農林族が台頭し始める。

農業予算を獲得して農家や農業団体に「分配」し、選挙で票をもらう。農林族と農業団体が農水省を使って日本の農政を仕切る構図ができた。平成一九年産のコメ相場が下落したとき、自民党は農水省に圧力をかける形で余剰米を政府に買い取らせて米価を維持する離れ業をみせた。

西川は、平成二一年の衆院選落選後、現場を歩き回った。耕作放棄地の多さに「これまでやっていたことが農業のためになっていない」と気づいたという。

平成二四年末に返り咲いた後も、TPP交渉については五分野の「死守」を繰り返していたが、平成二五年七月の参院選後、軟化に転じた。衆参の「ねじれ」が解消し、当面、選挙はないとの議員心理が働き、本音を言いやすい環境になった。

勝てる農業

平成二六年六月、政府の産業競争力会議は、アベノミクスの「第三の矢」である成長戦略の目玉の一つとして、抜本的な農業改革の最終案をまとめた。

これまでの規模の小さい農家の保護を優先する政策から、生産性向上や競争力強化を基本に据え、「魅力ある農業」「農業の成長産業化」を実現する農業政策に転換する方針を打ち出した。

農業改革は、一、農業協同組合（農協＝JA）組織の見直し、二、企業の参入促進策、三、農業委員会制度の見直し、などが柱となる。大詰めを迎えたTPP交渉が締結された際に、農業の国際競争力を高めておかないと海外からの割安な農産物に押されて国内農業が打撃を受ける恐れがある。このため、大規模な農家を増やして日本の農業の競争力を強化するには、農業組織の抜本改革が欠かせないと判断した。

これらが実現すれば、戦後の日本の農業政策は、政府が平成二五年秋に決めた減反政策廃止の方針を含めて、歴史的な大転換となる。

農業政策の改革については、政府・与党が公約や成長戦略で「攻めの農林水産業」、「(農家の)所得倍増の実現を目指す」と言ってきた。ただ、今は農家を一律に保護し、産業の自立を阻害しているような状況にある。

農業従事者は六五歳以上が六〇％を占め、平均年齢は六六歳。若い人もなかなか参入しない。小規模の兼業農家が多く、産業としての競争力も高いとはいえない。このままでは農業がいずれ廃れることは目に見えている。

日本の農業は農水省や自民党の部会、農業団体など関係者が作り上げてきたが、必要なことと現状に差がある。

菅は、長年思っていた。

〈農林漁業を成長分野と捉え、産業として育成することができるはずだ。成長産業にするには新規参入者、消費者、国全体の視点も必要で、積極的にチャレンジする農業を育てる政策が急務だ〉

秋田の農家の長男坊の菅は、農業にずっと関心を持ってきた。父親が四〇歳でイチゴ組合を作り、「コメでは飯が食えない」と農協から完全に独立した姿を見ていた。

〈農協全盛の時代で、よくやるなあ〉

そんな感情を持っていたが、今になると、父親には先見の明があったと感心するほどである。これからの日本の農業は、競争して切磋琢磨する環境づくりが大事になってくる。

菅は、昔、梶山静六から、「お前の仕事は国民の食いぶちを探すことだ」と言われた。この言葉を肝に銘じている菅は、常々感じるのだ。

〈日本のような島国は、付加価値で勝負しなければ生き残れない。日本の農業は、世界に立ち向かって十分勝てる。だからきちんと戦える仕組みを作るのが政治で、あとは農家の努力だ。今改革すれば将来、勝てる農業に立て直せる〉

六次産業化

平成二六年七月五日、菅は、国家戦略特区の農業特区に指定された兵庫県養父《やぶ》市を訪れた。

兵庫県の山あいにある養父市は、人口減少、過疎化、高齢化が進んでおり、日本の農村が直面する課題の縮図となっている。山に近く平坦な土地が少ない中山間地のため大規模農業を営むのは難しい上、農家の高齢化で耕作放棄地はこの四年で倍になり、後継者不足も深刻となっている。

そのような中、養父市は広瀬《ひろせ》栄《さかえ》市長を先頭に、さまざまな対策を進めてきた。

この取り組みをさらに加速させたい広瀬市長の熱意と提案を安倍内閣は高く評価し、人口わずか二万四〇〇〇人の養父市を国家戦略特区に指定したのである。

六月末には、全国で初めて、農地売買や使用許可等を許認可権限を農業委員会から市に移すことなどが合意され、農地集約、新規参入促進など、岩盤規制といわれた農業分野の改革が本格的に動き出す。

農業には、農地以外にもさまざまな問題が潜んでいると菅は見ている。

その一つが、農機具の問題だ。今の農家は、田植え機やコンバインなど、年に数日しか稼働させない高額な機器を個人で所有している。それを、農機具をリースし、しかも南から北へどんどん北上させていくような仕組みができれば、コスト的に相当割安に仕上げることも可能になるはずだ。そんな、発想の転回が今後の農業に必要だと菅は見ている。

また、視察現場では、「農業をしたいという若者がいるのに農地が所有できない」「付加価値を高めるために商品を試作しようにも農地には加工場を作れない」などの意見があることを知り、意欲を阻む具体的な規制の壁も改めて認識させられた。

菅は、農業で生活できる仕組みをつくりたいと思っている。農業の六次産業化だ。

〈今の農業だけでは食べていくことはたやすいことではないが、作る農産物、作った農産物に付加価値をつけて販売するようになれば、収入も増える。それを海外に輸出すればいい。日本

の農産物は、海外で非常に高い評価をされているのだから〉

養父市では、愛知県田原《たはら》市が本拠の農業法人新鮮組・岡本重明《おかもとしげあき》を招聘して六次産業化を推進するとしている。

六次産業化とは、一次産業である農業に、二次産業である加工や外食などの三次産業を組み合わせて、一＋二＋三で「六次産業」にしようということで、政府も旗を振っている。

岡本は、農産物を加工したものを観光客に販売したり、それを使った料理を出す農家レストランを経営することで、儲かる農業が実現すると主張している。ところが、さまざまな規制が邪魔しているためにできず、この特区でやって成功すれば日本全国に広まるとみている。

コメなど農産物に付加価値を付けて、高く売る。例えば、一俵六〇キログラムの玄米を出荷すると一万二〇〇〇円ぐらいだが、その収入ではコストを下げて頑張っても儲からない。

ところが、コンビニで売っているおにぎりは一個一〇〇円。ざっと計算すると六〇キログラムのコメからおにぎりは一四〇〇個作れる。六〇キログラムのコメが一四万円になるわけだ。つまり、農産物のままで売るのではなく、製品に加工して売る術を農村が持つことが生き残るカギとなる。

株式会社ローソンでは、新潟市内の農家と連携して、コメの生産・加工する計画を示した。農業生産法人「ローソンファーム新潟」を設立して、ローソン店舗で販売するおにぎりや弁当向けの生産・加工事業を推進するとしている。

養父市でもオリックス不動産などが廃校を利用した野菜工場などを運営する。

このように国家戦略特区指定により、規制緩和を進め、意欲的先進的な農業振興を通じて、中山間地というハンディを乗り越え、地元に人を呼び込める農業改革の全国のモデルが、未来の日本の農業を切り開いていくことになる。

養父市を視察した菅は、力強く言った。

「地方の元気は日本の元気につながる。中山間地域で農業を振興するのは国の大きな責任だ。特区を成功させ、モデルケースにしたい」

企業の参入といった規制改革を進めれば、生産性が上がって大きく成長する潜在力を秘め、自給率向上も期待できる。また、経済成長著しいアジアでは高所得者も増え続けている。日本の農産物は、安全・安心でおいしく、高品質でブランド力もある。積極的に海外に打って出れば需要はまだまだあるはずだ。

雇用が生まれれば、地域も活性化する。

菅は、政府として主体的に取り組んでいくことを約束していた。

〈農業は地方の重要な産業であり、安全・安心で質の高い農産品を生み出す日本の農業には、まだまだ大きな潜在力がある。また、農業や食のみならず、日本にはその地方、土地ならでは

の魅力がたくさんある。ＴＰＰが大きな引き金となって、日本の農業を変えていく。農業には夢がある〉

福島に事務次官クラスを

東日本大震災からの復興は、安倍内閣の最重要課題の一つである。

政権を奪還したとき、安倍は全閣僚に「経済再生」「東日本大震災被災地の復興」、そして「危機管理の徹底」を指示した。

東日本大震災から一年九カ月の政権奪還時、依然として、被災地の復興は進んでいるとは言い難かった。

安倍政権となり、最初に起こした行動は、復興庁の幹部を福島県に常駐させ、機能強化を図ること。

復興庁は、東日本大震災の復興施策の司令塔である。しかし、福島にある復興庁には課長クラス以下が常駐し、事務次官クラスの決定権を持つ者は東京の霞が関にいた。

平成二五年一月九日、安倍は語った。

「トップに近い人たちの多くが福島にいて判断するように変える」

被災地側が東京に来なければ物事が解決しない状況から、現場にいる人が判断できるようにするために、事務次官クラスを常駐させることにしたのである。

以前から、復興庁については囁かれていた。

「復興庁ができたのはいいが、陳情する先が一つ増えただけじゃないか。あちこちに行かせられるばかりで、何回陳情しても動かないじゃないか」

そんな不満を取り除き、スピーディーに現場で判断できる仕組みづくりのためにさっそく取りかかったのである。

復興庁の福島の体制を強化するために、三つに分かれていた復興庁福島復興局、環境省福島環境再生事務所、原子力災害現地対策本部とオフサイトセンターを一体的に進めるように、「福島復興再生総局」を平成二五年二月一日に設置した。原子力災害からの福島の復興に関連する施策に関して、現地での実施機能を強化し、被災地の現場において施策を迅速に判断する体制を強化したことは大きい。

東京電力福島第一原発事故による除染の廃棄物を保管する中間貯蔵施設について、福島県が建設受け入れを決める方針であることが分かった。菅は、この話がまとまることは、復興の象徴になるはずであろうという。

原発はベースロード電源

自民党は先の衆議院選挙、参議院選挙の公約として、原発については「安全性については、原子力規制委員会の専門的判断に委ねます。その上で、国が責任を持って、安全と判断された原発の再稼働については、地元自治体の理解が得られるよう最大限の努力をいたします」と掲げた。また、今後三年間、再生可能エネルギーの最大限の導入促進おこなうとした。

平成二六年四月一一日、日本のエネルギー政策の中長期的な指針となる「エネルギー基本計画」が四年ぶりに見直され、閣議決定した。原発について発電コストが安く安定的に発電できる「重要なベースロード電源」と位置づけた一方、自然の恵みを生かす「再生可能エネルギー（再エネ）」への取り組み強化もうたい、その筆頭に地熱発電を挙げた。

基本計画は、これまで平成一五年、一九年、二二年に策定され、今回が第四次計画。東日本大震災と東京電力福島第一原発事故後、初めての見直しとして注目された。

キーワードは「安全性」「安定供給」「経済性」「環境負荷」。基本計画はこれらの観点から、各エネルギー源を「電源」として次のように三分類した。

（一）「ベースロード電源」。発電コストが安く、一日を通して安定的に発電できる電源という専門用語。地熱、一般水力、原子力、石炭火力が該当する。

（二）「ミドル電源」。発電コストがベースロード電源の次に安く、電力需要の動向に応じて、出力を容易に調整できる電源。天然ガス火力などが該当。
(三)「ピーク電源」。発電コストは高いが、電力需要の逼迫《ひっぱく》時に限定的に使う電源。石油火力、揚水式水力などが該当。

平成二四年七月に導入された、再エネを電力会社が固定価格で買い取る「固定価格買い取り制度」の対象は、太陽光、風力、小水力、バイオマス、地熱の五種類。基本計画は太陽光について「消費者参加型のエネルギー源として期待される」とし、風力は「大規模に発電できれば火力並みのコスト」と評価したが、ベースロード電源の筆頭に位置づけられた地熱発電の存在感が際立った。

菅は、記者会見で述べた。

「三年間集中的に行って、エネルギーのベストミックス（最適な電源構成）の計画をつくる」

安倍内閣は、六〇年以上ぶりの抜本的な電力改革にも乗り出し方向性を示している。「電力システムに関する改革方針」を平成二五年四月に閣議決定し、地域ごとに独占を認めている現在の電力供給の仕組みを見直し、家庭ごとに電力会社を選択できるようにするなど、三段階に分けて改革を進める方針を明確にした。

まず、二〇一五年に「広域的運営推進機関」を新設。地域を超えて足りない電力を融通しやすくする。二〇一六年をメドに新しい発電会社が家庭向けに電力を販売することを認め、企業向けから家庭向けまですべての電力販売を自由化する。さらに、懸案である既存の電力会社から送配電部門を切り離す「発送電分離」も盛り込み、二〇二〇年をメドに実現を目指す。

エネルギー分野では改革方針にそって具体化することがカギととらえる安倍は、早期に電力システム改革関連法案を作成するよう指示した。日本経済を再生させ、成長軌道に乗せるには「発送電分離」を最終的なゴールとする電力システム改革、つまり電力の大胆な自由化が不可欠だと考えている。

これにより、日本のエネルギー分野は大きく変わって行くと菅は見ている。

また、原発については、原子力規制委員会が安全性を確認した原発を再稼働させる政府方針は、まったく変わらない。そのうえで、最終的には原発依存度をできるだけ低くする。これが政府の基本的な考え方であり、それに対して、安倍内閣は淡々と作業をするだけであるという。原発をゼロにするということは、今の日本のエネルギー事情と環境問題を考えた時、難しい。だから、「できるだけ低くする」としている。

官僚掌握術

平成二五年度の冬、日本列島は大雪に見舞われた。東北や甲信地方を中心に、大混乱となった道路では車両が立ち往生し、放置されたままの車両が連なり、除雪車や緊急車両の妨げになるケースが多発した。

緊急時だというのに、レッカー移動ができないのである。

菅は、災害が起きるたびに問題視されてきたこの問題を解決するために法律を整備しようと動いた。所管大臣も早急に法整備をする意向であった。ところが、説明しにきた官僚によると、「大災害時には新たな法整備をおこなうが、雪害は現行法で対応できる。法案は通常国会に提出したい」というものであった。

菅は言った。

「現行の法律でできるのか。できないだろう。車を強制排除するには、従来所有者の意向確認が必要だ。強制排除により損壊した場合、損失補償の法的根拠もない」

災害時であっても財産価値がある車を移動するには、所有者の許可が原則必要とされる。行政による移動で車が破損した場合の補償の枠組みもなく、地方自治体を中心に法的な整備を望む声が強かったのだ。だから、菅は返答が信じられなかった。その場で電話で道路局の責任者に確認し、できないという返事だった。

大雪はいつまた降るかわからない。地震もいつ発生するかわからない。すぐやらなければ意味はない。この法律の緊急性を理解していない官僚に腹が立った。

「ダメだ。それは認めない。臨時国会だ」と言い放った。

そう話した二日後、官僚が菅のもとをたずね、こう言った。

「今度の臨時国会でやります。現行法ではできない部分がありました。大変申し訳ないです」

そういって、頭を下げた。

菅の秘書官たちが事前に法案や説明の内容をチェックしているので、根拠のない主張が極めて難しくなっている。霞が関全体を見渡すと前向きに仕事をする官僚が確実に多くなってきていることも事実である。

政治家・菅を特徴づけるものの一つに「人事」が挙げられる。中央省庁の官僚の入省年次に異常なほど詳しい。往年の田中角栄を彷彿《ほうふつ》とさせるものがある。

「○○省のAは、Bの何期上なんだ」

「××省のAとBは、つながっているだろう」

そんな言葉が口をついて出てくることがある。番記者は思う。

〈菅さんは決してそんな素振りを見せないが、官僚の実態にはすごく詳しい〉

番記者の分類によれば、菅は「ハイブリッド型」。官僚の人心掌握術に関しては田中角栄的な要素も兼ね備えている。一方で橋下徹にも通じる燃えたぎる改革マインドもある。さらには野中広務を思わせる老獪な剛腕政治家の側面も時に見せる。社会党出身の民主党議員とも付き合いがあるように、「市民視点」も持っている。

〈菅さんの考え方は複合的。総合型といってもいい。たとえていえば、百貨店。品ぞろえの幅は他を寄せ付けないが、専門性には少々欠けるところがあるかもしれない〉

安倍政権発足直後は仕事をしたがらなかった官僚たちが、今では見違えるほど仕事に目覚め、菅が思い描く方向に大きく動き始めた。

しかし、嫌なことはすぐにはやらない官僚が大勢いることも事実であり、ちゃんと見張っていなければならない。

菅—仲井眞ライン

菅が「政治の師」と仰ぐ橋本内閣時代の梶山静六官房長官は、「私は沖縄を死に場所と心得ている」と言って最大の懸案だった米軍基地問題に執念を燃やした。

沖縄県の基地負担軽減をめぐっては、菅も仲井眞弘多知事と協議を重ねてきた。

平成二五年四月三日午前、菅は官房長官就任後初めて沖縄県を訪問し、昼に那覇市内のホテルで仲井眞知事と会談。

基地反対の地元メディアとも付き合った梶山にならい、沖縄タイムスや琉球新報なども訪ねた。

米軍普天間飛行場の移設先の埋め立てを申請したばかりで、厳しい反応がぶつけられる中、メディア幹部が「梶山さんは沖縄にとって重要な政治家だった」と振り返ると、菅も答えた。

「梶山さんから『沖縄に尽くせ』という声が聞こえてくるようです」

菅は、安倍から沖縄問題について指示されていた。

「できることは、すべてやるように」

その日から、全力で取り組み、やれることはすべてやる気概でいた。

沖縄は、国土の〇・六％でしかない面積に、全国の米軍関連施設の約七四％が集中する。中でも人口九万人を超える宜野湾市のど真ん中にあって市域の四分の一を占める米軍普天間飛行場には、オスプレイなど軍用機約六〇機が常駐する。かつて米高官も「世界一危険な飛行場」と認めた基地だ。

菅は、沖縄県知事らと話をしていくうちに、疑問を抱くようになった。

〈沖縄県民の「何とかしてほしい」という思いに本土の人が応えているのだろうか……。総論的にはわかっているというが、本当は沖縄の人たちの気持ちになっていないんじゃないか……〉

総論賛成、各論反対なのだ。

菅は、強く反省した。

それでも、普天間の危険を除去し、抑止力は維持、そして基地負担軽減を実現する方程式を解く必要がある。

沖縄は、安全保障上、重要な場所である。

在沖縄米軍の抑止力は極めて重要で、日米の戦略的な考え方で普天間飛行場の名護市辺野古への移設が決まったのである。

平成二五年一二月二五日、普天間飛行場の県内移設実現に向け、安倍晋三総理は沖縄県知事の仲井眞弘多と会談し、日米地位協定に関し環境面を補足する協定を締結するための日米協議開始などの基地負担軽減策を示した。仲井眞は「驚くべき立派な内容だ」と評価して移設先である名護市辺野古沖の埋め立て申請を承認する方針を固め、一二月二七日午前にこの申請を承認した。

普天間飛行場の返還要求をする運動が起こり、平成八年に日米間で同飛行場の全面返還が合意されて以来、一七年ぶりの出来事に、菅も感慨無量だった。

平成二六年二月になると、菅は、沖縄県が求める米軍普天間基地の五年以内の運用停止に向けた「負担軽減推進協議会」を設置し、危険除去への具体的な取り組みや停止後の跡地利用の議論に入った。

メンバーは、菅、岸田文雄外相、小野寺五典防衛相、山本一太沖縄・北方相の四閣僚と、仲井眞弘多沖縄県知事、佐喜眞淳《さきまあつし》宜野湾市長であった。米軍輸送機MV22オスプレイの県外訓練移転など普天間飛行場に関する負担軽減策や、キャンプ瑞慶覧《ずけらん》・西普天間住宅地区の跡地利用なども含めて話し合うことにした。

菅は、記者会見で意気ごみを述べた。

「県、市とこれまで以上に連携を深め、沖縄の人々の気持ちに寄り添いながらできることはすべておこなう姿勢で政府一丸となって全力で取り組む」

真剣に沖縄基地問題に取り組む菅の態度を見て、財務省の様子も変わってきた。

平成二六年四月、オバマ米大統領が来日すると、安倍はオバマ大統領との会談で改めて述べた。

「(辺野古移設の)強い意志を持って早期かつ着実に工事を進めていく」

また、四月二五日発表の日米共同声明では、普天間基地のキャンプ・シュワブへの移設と、長期的に持続可能な米軍のプレゼンス(駐留)を前提とした上での沖縄の負担軽減を表明した。

沖縄米軍基地問題の解消と集団的自衛権により、日米関係が強固になることで、ますます抑止力が高まり、盤石になる。抑止力が高まることによって、日本は、実際に武力行使の可能性が大幅に減少することになる。

菅は、おのれに強く言い聞かせた。

〈やれることは言葉だけでなく、例えばオスプレイの訓練を本土で半分以上引き受けるなど、

目に見える形で示すことが必要だ〉

米軍普天間飛行場の空中給油機ＫＣ１３０。この全一五機を今年の夏から山口県の米軍岩国基地が引き受けてくれることになった。

また、普天間基地に配備されているオスプレイの訓練等で佐賀空港を有効活用するために、佐賀県の理解を求めていく考えも示し、沖縄の負担軽減に向けた取り組みを強化している。

安倍も、真摯に理解を求めた。

「負担を分かち合うことが大切だ。理解してもらえるよう努力したい」

沖縄の基地負担軽減に向け、他の地方自治体に協力を求める考えを示した。

菅は、こうしたことをしっかり積み重ねていくことが沖縄県民の心を動かすことになると信じている。沖縄県民に「本当にいろいろなことを考えながらやってくれているんだな」と思ってもらうことが何よりも大切なのだ。

いろんなことが積み重なったことで、政府と沖縄県の間に信頼関係が築かれ、沖縄基地問題が解決へ向けて進んだのである。

番記者はこう考える。

〈菅さんはもともと沖縄に興味があったわけではない。師匠である梶山さんがあれだけ傾倒していたんだから、自民党政権なら、沖縄をやるんだと考えた節がある〉

沖縄に取り組む中で菅は一人の人物と急速に接近していく。当時の沖縄県知事・仲井眞弘多である。仲井眞とは強固な信頼関係を築くに至った。

平成二五年八月のことである。菅はしばし夏休みを取った。東京を離れるという。行く先は沖縄だった。

普天間飛行場（沖縄・宜野湾市）の移転先候補地をめぐっては平成八年以来、一九年も議論されてきた。菅が沖縄を訪れた時点では、まだ辺野古沖を埋め立てて移転先とする方針は決まっていなかった。

〈菅さんは仲井眞さんに会うに違いない〉

菅番記者たちは、すべて菅の訪沖に同行した。記者たちの知らないところで、菅は仲井眞と三、四時間にわたって差しで向き合っている。場所はザ・ブセナテラス（名護市）。亡くなった元総理の小渕恵三の悲願だった「沖縄サミット」の舞台となったことでも知られる。

菅─仲井眞の会談は後に記事となり、新聞各紙の紙面を飾った。菅は誠意をもって仲井眞との会談に臨んだ。

「これまでの政権は沖縄の基地負担を本土で分かち合うという気持ちがあまりにも少なかった。安倍政権はこうした反省の上に立って、沖縄県民の気持ちに寄り添って、しっかり対応していきます。私が責任をもってやる」

菅は仲井眞を粘り強く説得していった。この年の暮れに安倍晋三と仲井眞が会談し、合意に向けた道のりが、この席から始まった。

拉致被害者再調査実施

平成二六年五月、日本と北朝鮮は、日本人拉致被害者らの再調査実施で合意した。

これを受け、日本独自の制裁措置の一部解除に踏み切ることとなった。そもそも、この制裁措置は、菅らが平成一六年に制度設計したものだ。今回の北朝鮮の再調査を引き出す材料になったといえる。

菅は五月二九日夕方の記者会見で日朝合意を発表した後、周辺に感慨深げに語った。

「まさか自分が官房長官になって、自らの手で制裁の解除を発表することになるとは……」

解除された独自制裁は、北朝鮮当局者らの人的往来や送金規制、人道目的の北朝鮮籍船舶の入港禁止などだ。

独自制裁については、平成一六年に菅を座長にした自民党拉致問題対策本部「対北朝鮮経済制裁シミュレーション・チーム」が、制裁を可能にする外為法や特定船舶入港禁止法に基づいて具体案を策定した。

北朝鮮は、拉致問題を「解決済み」と主張し続けてきた。当時の菅らは、拉致問題解決に向けて北朝鮮への圧力を強めるには、国連決議による制裁だけではなく日本独自の制裁が必要だと判断し、実行・実現させた。

同チームにいた一人は「当時は拉致被害者の救出に圧力をかける北朝鮮への『武器』がなかった」と振り返る。

今回、北朝鮮が再調査を約束したことについて、公安筋は「北朝鮮は在日本朝鮮人総連合会（朝鮮総連）幹部の渡航制限を外してほしかったに違いない。北朝鮮本国で指示を受けられないからだ」と分析している。

菅は、総務副大臣時代の平成一八年、朝鮮総連施設への固定資産税課税を関係自治体に強く促したこともあり、北朝鮮には圧力路線できた。

今回の日朝合意について、政権の足元の自民党からは五月三〇日、外交部会と北朝鮮による拉致問題対策本部の合同会合で、出席者から「また、だまされる懸念がある」「調査を始めただけで制裁解除をしては『食い逃げ』されないか」といった警戒や懸念の声が相次いだ。

菅は「解除は無条件ではない。北朝鮮の進展に合わせて行う。行動対行動だ」と説明する。また、「交渉の過程で考え、したたかにしていきたい」と強調。そのうえで「核やミサイル実験でいたずらに緊張感を生み出すことはやめるべきだと交渉過程で強く言っている」とも述べ、核・ミサイル問題も拉致問題と並行で解決する意向を示した。

平成二六年七月一日、北京で開かれた日朝外務省局長級協議で、北朝鮮側が国内に生存しているとみられる日本人のリストを提示したと、日経新聞が三日朝刊で報じた。二ケタの人数が掲載されていたというが、これを日本政府は否定した。

同紙によると、リストには朝鮮語で人名や経歴などが記されていたという。日本側は持ち帰り、政府が認定している横田めぐみさん（拉致当時一三歳）ら一二人の拉致被害者や、拉致の疑いがある特定失踪者らと同一かどうか確認作業に着手したとされる。

菅は、三日の記者会見で、否定した。

「報告は受けていない。あり得ない」

これらの情報はまったくの誤報だった。

六月末には、一部関係者の間で「北朝鮮が三ケタ、あるいは四ケタの生存リストを出す可能性がある」という情報も流れた。

菅は、一人歩きしそうな偽情報に気を引き締めた。

相手にしている国は、再調査直前まで「拉致問題は解決済み」と言い張っていたくらいの国である。

その北朝鮮を再調査の舞台に上げたということは、長く閉ざされていた固い扉を、今、こじ開けることができたということであり、ようやくスタートラインに立ったということでしかない。

いよいよこれから正念場の交渉が始まる。

「ありとあらゆる手段を行使しても、拉致問題は自らの手で解決する」

この安倍の強い意志と、菅が先頭に立って成立させた北朝鮮への制裁措置を講じる法律が、北朝鮮を交渉に参加させるのに役に立ったのである。

北朝鮮側も、安倍政権は強く長く続く政権だと判断し、安倍政権となら取り引きしてもいいとの結論に至ったはずだ。

〈安倍政権なら、約束したことは実行できる政権だ〉

すべて計算で動く北朝鮮が、安倍政権をそうみなしたから動きはじめたのだろう。

最初の変化は、北朝鮮に拉致された横田《よこた》めぐみさんの父・滋《しげる》と母・早紀江《さきえ》夫妻が三月一〇日から一四日、めぐみさんの娘のキム・ウンギョンとモンゴルの首都ウランバートルで初めて面会したことからだった。

長年、横田夫妻がめぐみさんの娘に会いたいと切望していた。だが、北朝鮮は「北朝鮮国内でなければ面会させることはできない」という一貫した返答だった。

しかし、三月の中国・瀋陽《シェンヤン》での日朝赤十字会談に伴う非公式の政府間協議で、横田夫妻が高齢になったことなどを理由に日本側が提案し、北朝鮮側が第三国での面会を認めたことで、不可能と思われていた孫との対面が実現したのである。

菅は、あのころから、北朝鮮の態度が明らかに変わり始めていると実感した。

ようやく変化が訪れた北朝鮮との交渉では、何としてでも結果を残したいものである。

ただし、だらだらとやることは絶対まかりならない。菅は「まず期限を決めるべきだ」という形で、一年以内と示した。

その結果、北朝鮮側も「一年ということには留意する」ということとなった。

その後も、北朝鮮からの報告をしっかり吟味し、日本政府として慎重な上にも慎重に対応していくだけである。

大事なことは拉致問題については、北朝鮮側がすべてを知っているわけだから、それを包み隠さずに調査委員会などで報告してもらうことである。

前回と今回が違うのは、お互いの国が文書を交わしたということ。その中で北朝鮮は、日本側関係者が、発見された被害者と面談することや、関係する場所に訪問することも認めている。こうしたことも文書で正式に公表されることは初めてであるが、しかし絶対に油断はできない国である。

この問題解決について、何が一番効果的であるかを知っているのは、安倍であり、菅である。慎重かつ効果的な対応をしっかりとしていくだけである。

ここで結果を残せば、安倍政権への評価も高まるだろう。が、そんなことよりも、国家として国民が拉致され主権を侵害されている状態にあるわけなのだから、それを見過ごすことは絶対にできない。

〈これこそ、政府の重要な役割だ〉

菅は、身を引き締めている。

「集団的自衛権」閣議決定

菅義偉官房長官と三人の副長官が特に注意を払ったのが、集団的自衛権の行使容認についてだった。長官と副長官たちは、まめに安倍首相とコミュニケーションを取ってその意向をしっかり聞きながら、みんなで気持ちを一つにしていった。むろん、マスコミに先入観を持たせるような発信は絶対にしないよう注意深くやってきた。

安倍晋三首相の指示を受け、高村正彦《こうむらまさひこ》自民党副総裁（当時）を座長とする「安全保障法制の整備に関する与党協議会」が平成二六年五月下旬から公式、非公式の会合を頻繁に開かれていた。政府は議論のたたき台として、現在の安保法制では対応が不十分とする一五事例を協議会に示した。

それらは、武力攻撃には至らない日本に対する侵害に当たる「グレーゾーン事態」が三事例、

「国際協力分野」四事例、集団的自衛権を認めないと対応できないケースとして八事例という内容だった。

公明党は、グレーゾーン事態や国際協力分野での対処については理解を示したが、集団的自衛権の行使が絡む事例については、個別的な検討をするにつれて限定的な容認の限度を超えることへの懸念が強まり、「個別的自衛権や警察権で対応できるものもある」と個別的自衛権の拡大を主張した。

そこで、集団的自衛権行使の容認の根拠として、昭和四七年に政府が参院決算委員会に提出した見解を取り上げた。自衛の措置は「国民の生命、自由及び幸福追求の権利が根底から覆されるという急迫、不正の事態」に限ると記しており、この見解を援用することで行使に一定の歯止めがかけられると考えた。

公明党は行使の一部容認へ大きく踏み出した。

この結果、平成二六年七月一日、政府は、従来の憲法解釈を変更し、以下の三要件に合致する限定的に集団的自衛権の行使を容認することを臨時閣議で決定した。

一、我が国に対する武力攻撃が発生したこと、または我が国と密接な関係にある他国に対する武力攻撃が発生し、これにより我が国の存立が脅かされ、国民の生命、自由及び幸

福追求の権利が根底から覆されるおそれがあること
二、これを排除し、国民の権利を守るために他に適当な手段がないこと
三、必要最小限度の実力行使にとどまるべきこと
これに先立ち、安倍総理は公明党の山口那津男《やまぐちなつお》代表と与党党首会談を開いた。会談では、これまで憲法上認められないとしてきた集団的自衛権行使について、新たに定めた三要件に基づいて容認することで合意、確認した。

安倍は党首会談で述べた。

「自民党と公明党は長年の風雪に耐え、意見の異なる課題でも国家、国民のため大きな結果を残してきた。与党とともに法整備していきたい」

集団的自衛権の行使を否定してきた戦後日本の安全保障政策が、大きく転換されることになった。

安倍は、閣議決定後、記者会見をおこない、集団的自衛権行使容認の意義や必要性を国民に説明した。

「集団的自衛権が現行憲法の下で認められるのか。そうした抽象的、観念的な議論ではありません。現実に起こり得る事態において国民の命と平和な暮らしを守るため、現行憲法の下で何

をなすべきかという議論であります」

そういって、具体的な例をあげて、「人々の幸せを願って作られた日本国憲法がこうしたときに国民の命を守る責任を放棄せよといっているとは私にはどうしても思えません。この思いを与党の皆さんと共有し、決定いたしました」と憲法解釈変更の必要性を訴えた。

さらには、「外国を防衛するための武力行使は今後もない。強化された日米関係が抑止力としてこの地域の平和に貢献していく。平和国家としての日本の歩みは今後も変わらない」ということを強調した。

集団的自衛権について、安倍総理は「全部」ではなく「一部」あるいは「限定的」としている。例えば、国民に「ペルシャ湾の機雷掃海は是か非か」という問いかけをすると、多く人から「やるべき」との答えが返ってくる。が、戦争が完全に集結しておらず、一部の地域でまだ交戦が続いているような場合も当然出てくる。そのような状況下で自衛隊を派遣するか否かは、まさに集団的自衛権にかかってくる問題である。停戦・終戦を派遣の必須条件にすれば、その海域は船舶の安全航行が保障されないまま放置されることになる。今回の集団的自衛権についての議論はそこにあるのだが、一部のマスコミは、「自衛隊員が国外の戦場で殺される」といった煽り記事ばかり書いているという。

地方を破綻させるな

安倍内閣は、地方の活力、地方の元気が日本の活力であるとの考えのもと、地域の活力を維持し、東京への人口流出を抑えるとともに、少子化と人口減少の克服を総合的に推進するために、省庁を横断し総理を司令塔とする本部を設置することを決めた。

菅は、総務大臣在任中に、「日本全国をふるさとという絆で結びたい」との思いで、居住地以外に寄付することで税金を控除できる「ふるさと納税制度」を作った当事者である。

平成二五年度は一〇万人以上が利用し、総額で約一三〇億円がそれぞれの想いを乗せて「ふるさと」に届いている。

菅は、多くの国民にも制度が認識されつつある今、地方政策の一つとして、その控除の上限拡大や手続きの簡素化も検討し、更に利用しやすくしたいと考えている。

〈アベノミクスの効果を全国津々浦々まで普及させる〉

〈地域の挑戦を引き出して魅力ある地域を作る〉

そのために、岩盤規制の打破、農政の大改革など、あらゆる政策を総動員していく心意気だ。

安倍政権は、平成二六年秋以降の最大テーマに「地方創生」を位置付けている。

振り返ると、菅の国政への原点は「地方分権改革」だった。

国政に転じてからは、常に、菅の頭の中に地方のことがあった。そのため、「地方創生」は菅の悲願でもある。

平成一八年九月二六日に発足した第一次安倍内閣で、菅は総務大臣として入閣した。

菅本人から就任を知らされたという父・和三郎と母・タツは、「子どもが大臣になるなんて。長生きしてよかった」と話し、「今は地方分権がテーマ。仕事は大変だと思うが、自治体が自立できるよう後押ししてほしい」と激励した。

官邸で会見に臨んだ菅は、こう抱負を述べた。

「総務省は、地方行政など最も国民に身近な役所。国民の声に耳を傾けながら、竹中前大臣の改革を推進していきたい」

同時に、財政破綻を招いた夕張市を「『最後は国が面倒みてくれるんだろ』という甘えがあってここまできた」と厳しく批判した。

菅の行動は素早かった。

就任翌日、安倍に直談判した。

「この臨時国会に『地方分権改革推進法案』を提出させてください。この法案は、国と地方の役割分担の見直しや、国の地方への関与・国庫補助負担金の廃止・縮小などを更に進めるため、その検討・推進体制づくりをおこなうものです。これは、野党も反対できない法案です。これだけ、やらせてください。絶対、総理には迷惑はかけませんから」

菅の強固な意思と行動力により、この法案は一二月八日に可決、成立となった。

菅は平成一八年一二月二九日、巨額の負債を抱え翌春に財政再建団体入りが決まっている北海道夕張市を視察した。

記者会見で「一定以上の住民サービスは政府が約束する。特に高齢者と子供には配慮したい」と述べ、再建に伴う住民の負担増を緩和するため、支援策を検討することを表明した。

なにも財政破綻の危機に喘ぐ地方自治体は夕張市だけではなかった。国の補助金、地方交付税に依存したまま、無駄な箱物を造り続けて借金まみれになっている地方自治体は多数存在した。

このような現状を見て、菅は誓った。

〈破綻してしまえば、国からのいろんな制約にがんじがらめにされてしまう。もう、夕張のような町を二度と出したくない。地方を破綻させない法律をつくろう〉

夕張から帰ってきた菅は、すぐさま官僚へ指示を出した。

「地方を破綻させないような法整備が必要だ。次の通常国会に提出できるよう、すぐ作業にとりかかってくれ」

そういう菅に、官僚は言った。

「準備にはとりかかりますが……、次の通常国会までには、無理です。その次、もしくは、次の次になりますね」

菅の指示は、無理な話だと否定された。

経験不足の大臣なら、あっさり「そうか……」といって引き下がったであろう。

しかし、菅は違う。

「それでは、ダメだ」

官僚も、引き下がらない。

「しかし、法案を準備するまでに最低でも三カ月、四カ月はかかります。大臣、せめて、来年秋の臨時国会にしてください。それでしたら、なんとかして間に合わせます」

少しは譲歩してやったと見せて、実は大臣を丸め込みたい魂胆がみえみえだ。

普通の大臣ならば、官僚の言いなりになっていたであろう。

だが、菅は官僚の手には乗らない。梶山静六に鍛えられた菅は騙されたりしない。

「そんなことを言うな。だって、夕張が大変だということは、国民みんながわかっているんだ。夕張のようにならない法律なんだ。今から準備して、来年の通常国会に提出したら、間違いなく通る。野党も反対できないだろう。とにかく、やるんだ！」

すでに御用納め気分の中にある官僚たちは、しぶしぶ菅の命令に従うしかなく、お正月休み返上で、準備にとりかかった。

その結果、破綻に至る前段階で、悪化した自治体財政を早目に健全化する仕組みを創設する「地方公共団体の財政の健全化に関する法律案」を平成一九年三月九日に閣議決定し、五月には衆議院本会議で審議入り、六月に成立させたのである。

新しい法案は、早期健全化、再生という二段階の仕組みになっている。

菅は、国会でこの法案を説明する際、このように答弁した。

「サッカーで言えば、いきなりレッドカードに行くのではなく、イエローカードの段階でレッドカードにならないためのさまざまな対策を練っていけるようにする仕組みです」

無事に法案が成立したあとの菅は、この法案をつくったチームのメンバーを集めて、いっしょに食事をし、労った。

「ご苦労さん」

そういう菅に、官僚たちが感謝するのである。

「いやぁ、こんなにいい仕事をやらせてもらって、本当によかったです」

話を聞くと、連日朝帰りの日々だったという。それでも、法律ができて、無事に成立したことで、家族に自慢できたという。

「女房に、毎日朝帰りだったけど、この法律を作っていたんだと話したら、驚いてました」

そんなことを話しながら、官僚たちはみな生き生きとした顔をして喜んでいた。

その姿を見た菅は、しみじみ思った。

〈日本の官僚は優秀だ。本当は、仕事をやるために官僚になった人が多い。それをうまく使ってやれない政治家が多いから、政治家も舐められるんだ。いかに官僚を使うか……だな〉

内閣人事局を掌握

菅は、自身の著書『政治家の覚悟』(文藝春秋)で、民主党政権時代に枝野幸男《えだのゆきお》が官房長官を務めた菅直人《かんなおと》政権について、次のように批判している。

「従来の政治家と官僚の関係を全否定し、あろうことか官僚の排除に努めました。その結果、巨大な国家の運営に失敗した」

また、野田政権についても「官僚との関係修復を図りましたが、今度は逆に官僚に取り込まれてしまい、総理の顔が見えないまま」だと指摘した。

そんな菅は、第二次安倍政権発足当初から、「政治主導」を貫いてきた。

菅にとっての、あるべき「政治主導」の姿とは何か……。

「真の政治主導とは、官僚を使いこなしながら、国民の声を国会に反映させつつ、国益を最大限に増大させること」

まずは、人事面でその腕力を発揮することになる。

官房長官に就任し、全省庁の事務次官や局長などの幹部人事を審査する「閣議人事検討会議」を主宰する立場になってからは、型破りの人事が相次いで断行された。

菅は、政権発足直後、次官連絡会議で挨拶をした。

「幹部人事はすべて検討会議に諮る。事前に杉田官房副長官に相談するように」

「閣議人事検討会議」とは、各省庁の局長級以上の約二〇〇人の幹部人事について官邸が事前に審査するため、内閣官房長官と三官房副長官が参加する会議である。幹部人事に首相の意向を反映しやすくするものだ。しかし、法的な根拠はなく、事務次官や局長などの幹部官僚の人事権は担当大臣にありながらも、これまでは形骸化しており、形だけの会議を開いて各省提出の資料を開いて「はい、この資料のとおりの人事でいいですね」で済ませていた。が、第二次安倍政権になってからは、人事のたびに情報をしっかりと集め「この人はふさわしいかどうか」を真剣に議論するようになった。

この閣議人事検討会議を官邸に作ったのは、菅が「政治の師」として仰ぐ梶山静六だった。

安倍内閣は「安倍カラー」を反映した人事をおこなってきた。

中国に対する強気な姿勢で知られる外務省の斎木《さいき》昭隆《あきたか》事務次官は、外務審議官から昇格。また、内部昇格の慣例を破って内閣法制局長官に外務省出身の小松一郎《こまついちろう》を起用。小松は集団的自衛権行使の容認に前向きで、憲法解釈変更への地ならしとされた。

安倍が掲げる「女性の活用」では、刑事事件で無罪を勝ち取った村木厚子《むらきあつこ》を厚生労働事務次官に起用。都道府県警初の女性本部長として、岩手県警本部長に田中俊恵《たなかとしえ》を就けた。

平成二六年四月、内閣人事局の新設を柱とする公務員制度改革関連法案が可決、成立した。政府は人事局を発足させ、各閣僚の協議で各省庁の幹部人事を決める新制度がスタートすることになった。

第一次安倍内閣でも国家公務員制度改革に取り組んでいたが、霞が関の官僚たちの猛反発を食らい、実行までにはたどり着けなかった。

そのときの反省を生かし、安倍と菅は「今度こそは……」と稲田朋美公務員制度改革担当大臣とともに実現のために力を注いだ。

「内閣人事局」が新設されることで、各省庁の官僚自身が作成していた人事案はなくなり、閣僚による職員の人事評価を考慮し、内閣人事局長が幹部候補者名簿を作成。名簿に基づいて閣僚が任用候補者を選び、総理や官房長官が加わる「任免協議」を経て、審議官級以上の約六〇〇人の幹部人事を決めることになった。

平成二六年五月三〇日、総理官邸近くの内閣人事局には、稲田国家公務員制度大臣が自ら書いた看板が安倍総理といっしょに掲げられた。

安倍は、発足式で訓示した。

「（従来の霞が関は）船団だった。これからは一つの大きな日本丸という船に乗り、国民、国家を常に念頭に仕事をしてほしい」

内閣人事局の役割は、これまで各省庁がまとめてきた人事を一手に担うことで政策にスピード感を持たせることだ。初代局長には衆院議員の加藤勝信官房副長官を抜擢した。

この内閣人事局の人事は、大番狂わせが起きたと言われるほどの注目を浴びた。

人事局長については三人いる官房副長官から選ぶことになっていた。官房副長官は衆議院議員と参議院議員から各一人（政務）、官僚出身者から一人（事務）が就任することになっているが、人事局長は官僚出身の事務の副長官が務めるとみられ、官僚たちもそれを疑わずにいたからだ。「人事局ができても今までと変わらない」という批判は、この人事を前提に生じていた。逆に、官僚の人事に政治が口をはさむことを問題視する反対派が、渋々ながら関連法の成立を許したのも、人事局は官僚トップに任せるという想定があったからにほかならない。そんな両者の期待を安倍と菅は、見事に裏切ってみせたのである。

内閣人事局長の発表寸前まで霞が関は警察官僚出身の杉田和博《すぎたかずひろ》副長官の就任を信じて疑わなかった。

ところが、ギリギリまで菅は「まだ決まっていない」と明言を避けていた。杉田に内定していたものを菅が安倍総理に進言してひっくり返したとされているが、加藤は安倍が最も信用する側近のひとりだけに、初めから「加藤局長」を決めていた可能性は十分にある。安倍内閣はこの人事ひとつで「政治主導色」を印象付けることに成功した。

どうしても官僚たちは、自分たちの役所の方ばかりに顔を向け、省益だけを追いかけ、そこに国益はないと言われてきた。

菅には、強い意思があった。

〈省益ではなく、国益のための「日の丸公務員」をつくろう〉

本当に国のために働く公務員を生み出すためには、内閣で一元化した人事が必要不可欠だった。その念願がかなったのである。

〈これで、官僚は変わるだろう〉

のちのち、この改革の意味が評価される時が必ず来ると菅は信じている。

官邸主導

竹中平蔵は、安倍総理と菅官房長官のコンビを非常にバランスのとれたコンビだとみている。

安倍総理は、就任以来、日本経済再生に力を入れてきた。

が、安倍は、思想的には、祖父の岸信介元総理の影響もあり、集団的自衛権の解釈改憲に踏み込むなどいわゆるタカ派の面を持っている。周囲にも、自らが会長を務める保守系の議員連盟である創生日本に所属する議員を中心に、イデオロギー的にいわゆるタカ派の議員が多い。

菅官房長官は、タカ派の一面もあるが、非常にリアリストの一面も持っている。

今回の安倍再登板にあたっても、憲法改正などの従来の安倍のイメージではなく、アベノミクスをはじめ、経済再生を政権の旗頭に掲げるように訴え、見事、安倍の再登板と順調な政権の滑り出しを導いた。

竹中は、第二次安倍内閣の特徴として、経済政策を決定するプロセスがこれまでの内閣と違って非常にユニークである点を挙げる。

竹中が閣僚として関わった小泉内閣とも違うという。

小泉内閣では、経済財政諮問会議が経済政策の方向性を決定づける議論の場所であった。

小泉内閣の経済財政諮問会議は、まさにガチンコの議論の場であった。参加者は、真剣勝負で刃で切り合うような侃々諤々の議論をしていた。そのため、波乱も起きたし、小泉総理がリーダーシップを発揮しなければ収まらない場面もかなりあった。

竹中も、ひるむことなく議論をし、そのため、自民党内に多くの敵を作ることになった。しかし、議論自体は、その分、活発で有意義なものになっていた。

その時に比べると、残念ながら、今の経済財政諮問会議は、かなり予定調和的な内容になってしまっているという。

現在の経済財政諮問会議のあり方については、経済財政担当大臣を務める甘利明自身も、「もうちょっと角のある議論をしなきゃいけない」と苦言を呈しているほどだ。

平成二六年六月二四日に発表された成長戦略でも、初年度に法人税を二％下げるという提案が出た。が、これは財務省と事前に打ち合わせた上で議論であった。

竹中は、二％ではなく最低でも五％下げないと効果がないだろうと思っていた。

現在の経済財政諮問会議は、財務省の影響が強く、事前に財務省が主導力を発揮しているようなケースが多かった。

また、財務省と経産省の縄張り争いもあり、財務省は経済財政諮問会議に、経産省は産業競争力会議に影響力を及ぼしている。

そういった背景があるために、かつてのようにフラットな議論を積み重ねるような会議になっていない。

では、そうすると最終的な意思決定はどこでやっているのか。

平成二六年六月二四日に閣議決定された〈「日本再興戦略」改訂２０１４─未来への挑戦〉と題された成長戦略の中身について、竹中は、非常に高く評価している。

だが、実は、成長戦略が発表される一〇日前までは、その内容について、竹中はかなり悲観的であったという。

〈第二弾の成長戦略は、かなり厳しい評価を受けるものになるんじゃないだろうか〉

竹中が伝え聞いていた内容から察するに、日本経済を活性化するような内容は感じられなかった。

だが、発表までの一〇日の間に、四大臣会合で、従来の内容から、より改革を志向する内容のものにひっくり返していた。

典型的な例としては、ホワイトカラー労働者（主に事務に従事する人々を指す職種・労働層）に対する労働法上の規制を緩和・適用免除するホワイトカラーエグザンプションが挙げられる。

当初から、この案には、厚生労働省が慎重な姿勢を示していた。

途中からは、特に高額な所得者に限って、適用を認めるという話になっていた。

だが、最後になって、四大臣会合によって一気に年収要件の基準が下がった。

「一定の年収要件（例えば少なくとも一〇〇〇万円以上）を満たし、職務の範囲が明確で高度な職業能力を有する労働者」を対象にした場合であれば、認められる方向性が示されたのだ。

ちょうどその頃、竹中は、海外出張をしていた。連日、成長戦略の動向に関心を向けていたが、基準が大幅に下がったとの報せを聞いたときには、思わず耳を疑った。

〈このニュースは、本当だったら凄いな〉

現在の政府の経済政策の決め方は、経済財政諮問会議や産業競争力会議は、バレーボールで言うところのトスをあげる役割を担っているという。

いいトスが来た場合は、それを総理や菅官房長官がスパイクを打つ。そういうやり方で、これまでの政策決定のプロセスとはかなり異なっている。

むしろ、総理官邸主導、政治主導になっているとも言えるだろう。

解決の難しい課題は、すべて総理官邸に持ち込まれることが多いため、総理官邸の負担が大変だという心配もあるという。

本来なら、案件を所管する担当の大臣同士が調整すべき課題の多くを官房長官のところで調整しなければいけなくなっているからだと、竹中は指摘する。

内閣官房の機能強化

平成一三年一月の中央省庁再編により、総理府が廃止され、内閣府が発足したことにより、官房長官の仕事の内容や役割もまったく変わってしまった。

内閣府の誕生により、内閣官房が強化されたからだ。

それまでの官房長官は、いわば内閣のスポークスマン的な意味合いが強かった。

後藤田正晴《ごとうだまさはる》のような力量のある政治家がそのポストに就任した時には、閣内の調整に力を発揮することもあった。が、そこまで強い権限を持っている役職ではなかった。が、省庁再編により、内閣府が発足してからは変容した。

内閣府という非常に大きな行政機構を束ねるのと同時に、内閣全体の政策の調整をおこない、かつ、内閣の広報官としての仕事をするようになったのだ。仕事量やその重要さも、これまでとは桁違いなものになった。

竹中平蔵は、その膨大な仕事量を考えた場合、官房長官を第一官房長官と第二官房長官と二人置き、役割分担をすべきだと思っている。

だが、現在は、それを菅一人が全部やっている。

特に現在のように、各大臣が省庁の官僚に動かされているような状況では、官房長官の比重は非常に高まる。閣内の調整の仕事が集中するために、文字通りのナンバーツーとしての位置づけになっているからだ。

安倍総理から見ても、記者会見などでの失言もなく、危機管理対応もソツなくこなし、時に直言することすら辞さない菅官房長官は、とても貴重で重要な存在であろう。

菅には、これまでの叩き上げの人生において培ったさまざまな経験を活かし、自分が納得して物事を処理する力がある。ただ、言われたことを無難にやっているだけの政治家とは違う強みを持っているからだ。

竹中は、菅に小泉純一郎と同様の政治家としてのセンスの良さを感じるという。細かいことを一つ一つ指示するわけではないが、大きな方向性については、間違わないセンスを感じるという。小泉も、全体の方向性を打ち出し、細部については部下を信頼し、任せるタイプの政治家であった。

竹中は思う。

〈政治家にとって重要なことは、絶対に大きなところで間違わないことだ。そういうセンスは、小泉さんと菅さんの共通点だな〉

竹中は、第一次安倍内閣においての失敗の始まりは、郵政民営化の造反議員を復党させたことがきっかけだと分析する。

また、橋下徹大阪市長が率いる日本維新の会も、石原慎太郎や平沼赳夫《ひらぬまたけお》らの所属する太陽党と合流したのが、大きな判断の間違いだったと竹中は指摘する。

大きな問題になればなるほど、部下や周囲が指摘しにくくなる。だからこそ、政治家本人の資質が問われることになる。

怖い官房長官

菅官房長官は、経済財政諮問会議や産業競争力会議のなかでは、それほど発言はしないという。だが、その代わりに、うまい仕上げができるように必ずどこかで動いていることが多い。

官僚とも多くの太いパイプを持ちながら、しっかり手綱を握っている。

菅が官房長官に就任する際、竹中平蔵に、知り合いの官僚がこぼしていた。

「久々に官僚から見て、怖い官房長官が就任にしましたね」

官僚から畏怖される一方、菅は能力のある官僚に対しては、抜擢し活用しようとする。

国土強靭化および復興等の社会資本整備並びに地域活性化担当の総理補佐官として、国土交通省のキャリア官僚であった和泉洋人を起用した人事などが、最たる例だ。

その一方で、総務大臣時代には、指示に従わない官僚を外したように厳しい人事もおこなう。

そのため敵も多い。だが、敵がいる反面、味方もいる。

竹中は、敵が多い分、必ず味方ができるのが、政治の世界の論理だと見ている。

竹中自身もかつて同様の国会答弁をしたことがあった。

「あなたは、いっぱい敵がいるだろう」と批判的な立場の議員に問われた際に、「たくさんいると思いますが、味方もたくさんいると思っております」と答弁したことがあるのだ。

むしろ、政治家であれば、敵も味方もいない状況の方がおかしい。

その議員に主張すべき問題やテーマがないということが露呈しているからである。

安倍と菅の相違点

古賀誠によると、第一次と第二次の安倍晋三政権はまったく性格の異なるものだといっていい。違いを一言でいえば、「菅官房長官」が閣内でにらみを利かしているかどうか、だ。

〈菅ちゃんが安倍さんの側にいて、言うべきことはちゃんと言ってくれている。安倍さんもそれをきちんと聞いてくれるようになった。第一次のときは、こう言っては失礼だが、手探り状態。トップの座に就いたことが最高の目標だった〉

総理総裁の座はあくまで手段に過ぎない。目標は政治家である自分がこの国の国民にどういう責任を果たしていくか、にある。

トップリーダーには責任の重さがある。第一次安倍政権は本来の目標に手が届く前、わずか一年で瓦解した。体調の悪化も影響したのだろう。

だが、安倍はこれを機に生まれ変わった。少なくとも人の意見を聞く耳を持っている。特に菅の意見は素直に受け入れる。古賀から見ると、人間としての幅が広がり、懐が深くなった。それがあっての高支持率だろう。

世の中も「猫の目のような首相の交替はもうやめてよ」と疲れ始めていた。落ち着いた、安定政権を望む。そういう世論の流れも後押しになっている。一方で民主党政権があまりにもお粗末だったことが幸いしている面もある。安倍は第一次での失敗から確実に何かを学んだようだ。

平成研究会や宏池会といった保守本流の派閥を渡り歩いてきた菅。一方の安倍は傍流である清和会で育った。二人が政治的な盟友であることは間違いない。だが、思想や政策の上で隔たりはないのだろうか。

古賀誠は違ったものがあると見ている。菅は秋田県雄勝郡雄勝町（現・湯沢市）出身。単身で神奈川県横浜市に出てきた。政治家秘書から、自分の力で這い上がってきた。

〈その点では安倍さんとは違う政治感覚や思想があるだろう。菅ちゃんの素晴らしいところは、違いがあるのに、バランスが取れること。安倍さんとすり合わせをしながら、支えるところとブレーキをかけるところを判断していく。難しい判断も多い。そこの手綱さばきはひと言でいえば、見事だ。安倍総理の下で菅ちゃんが官房長官の任にある限り、それなりの支持率を維持していくことができる〉

政権奪還後の自民党では世代交代が進んだ。一線を退いた森喜朗元総理や古賀誠元幹事長、参院のドンと言われた元参議院議員会長の青木幹雄《あおきみきお》ら長老は、田中角栄元首相の牙城である東京・平河町の砂防会館に事務所を構えている。

安倍は森に自身のロシア訪問の地ならしを頼んだ。青木の元には官房副長官の加藤勝信が定期的に訪問して意見を求める。これは「青木詣で」と呼ばれる。菅は古賀とも頻繁に連絡を取り合っている。

古賀誠は、官房長官としての菅の働きぶりを高く評価する。

〈安倍内閣がこれだけ高い支持率を誇り、ここまで長期政権を築いたのは、菅ちゃんに負うところが大きい。何よりも優れているのは、調整能力と度胸だ〉

何か問題が起こったとする。菅の対応は常に素早い。すぐに打ち消す。

〈まずは判断力。続いて決断力と行動力。これがそろっている人物が最高の官房長官。菅ちゃんは、三つを兼ね備えている〉

安倍内閣も決して順風満帆の航路をたどってきたわけではない。時には閣僚が踏み込み過ぎたり、舌が滑り過ぎたりすることもあった。そんなとき、菅は素早く打ち消す。その上で、閣僚に対しても的確に注意した。

〈官房長官は全閣僚、さらには全霞が関の調整役だ。菅ちゃんは稀に見る逸材といっていい〉

菅はこうした資質をどこで磨いてきたのだろうか。菅は国会議員秘書を振り出しに政界で苦労してきた。その姿勢の中から培われてきたものではないか。古賀はそう考えている。

少なくとも二代目、三代目の世襲《せしゅう》議員とは違う。苦労知らずでいつも食卓に白飯があり、綿入れにくるまれているような人間と菅は大違いだ。

九月上旬を軸に調整が続いていた第二次安倍内閣の改造と自民党役員人事。果たして官房長官の交替はあるのだろうかと噂されている中、古賀誠は思っていた。

〈菅ちゃんなら、どこでも務まる。ただ、一番の適材適所という意味では官房長官。幹事長だったら、もっと務まるかもわからん。安倍政権を安定させるには、やはり官房長官にとどまるほうがいいのかもしれない〉

党人政治家

菅官房長官を官房副長官として平成二七年一〇月から、平成二九年八月まで支え、自民党の幹事長代行を務めた萩生田光一（現・文部科学大臣）も、菅の存在は大きいという。一部の評論家たちは、菅は総理になる野心を持っていると評している。しかし、菅はそういうタイプの政治家ではないということを、萩生田は良く知っている。

〈菅官房長官は、黒子の政治家として超一流の政治家だ。「おれが、おれが」という自我がまったくない〉

そばで見ていれば、それがよくわかる。常に総理をサポートし支えて行こうという菅のマインドは、官邸内で働くものたちにも伝わっている。だからこそ、みんなが菅と同じような動きをし、みんなが黒子に徹して総理を守り立てて行こうとする。その菅の強い思いは、萩生田も理解できる。

〈菅さんも私も、ある意味、党人政治家なんだろうな〉

菅官房長官も萩生田も、そして、野上浩太郎《のがみこうたろう》官房副長官も、県議会あがりで、地方議会出身者だ。三人に共通するのは、肌感覚で日々の国民一人ひとりの暮らしに接してきた。その経験値が、今までの総理大臣官邸との違いを醸し出しているのかもしれない。

〈官邸って、すごく仰ぎ見る遠い存在でありながら、ちゃんと俺たちの生活のことを見てくれているんだね〉

そんな安心感を、菅官房長官を中心に与えているような気が萩生田はしている。

官邸奥の院

安倍総理の補佐官を務める今井尚哉によると、官邸内の意思疎通の面でいえば、第一次政権のときにはなかった会合が大きく機能し、政権運営の上で一番の違いとなっている。

安倍総理、菅官房長官、三人の内閣官房副長官、今井総理補佐官の六人による会合が、毎日、二〇分ほど開かれている。

このメンバーは、のちに加藤勝信と世耕弘成が他のポストに移ると、衆院は萩生田光一、西村康稔、西村明宏《にしむらあきひろ》、参院は野上浩太郎、岡田直樹《おかだなおき》に官房副長官は交代している。

「正副長官会議」と名付けられているこの会合は、総理大臣室で開かれているため記者らにも気づかれず、世の中の動静にも出ていない。

今井には、彼が事務の秘書官であった第一次安倍政権でのある光景が脳裏にあった。塩崎恭久《しおざきやすひさ》官房長官、下村博文、鈴木政二の両副長官、事務担当の的場順三《まとばじゅんぞう》副長官らが、総理のところへ各々やってきては、気づいたことを別々に総理へ進言していた。

結局、みんなが違うことを進言しているため、官邸内の考えはバラバラのまま。中枢を担うメンツが集まったシーンを、今井は一度も目にしたことが無かった。

このときから、今井は思っていた。

〈官邸の意思疎通が大事だ。与党が何かいってきたとしても、官邸の五人さえ固まっていれば、大概のことは乗り切れるはずだ〉

その意思疎通の場が正副長官会議であり、総理の考えをみんなが共有し、衆議院、参議院の日程調整もこの場でおこなう。また、総理へ進言する場でもある。

「総理、そうおっしゃいますが、国対の場では、今、こんなことが起きているので、ここは我慢するときです」

参議院は任せた

国会というのは、実は参議院が重要な意味を持っている。衆議院に比べて一見地味な印象だが、政治のプロはみんな知っている。参議院は審議日数が限られた中で、しかも単独過半数を割り込んだ状況で、公明党の協力がなければ法案が通らなかった。

世耕弘成は、その参議院の運営に関して、菅官房長官から全幅の信頼を置かれていた。「参議院のことは君に任せた」という言葉どおり、世耕が「ちょっと電話で一言頭下げてもらえませんか」と言えば、菅官房長官はすぐに言われたとおりに動いてくれた。

世耕と菅も長いコンビだ。ともに、安倍晋三を盛り立てて行こう、という信念のもとに政治家として生きてきた。

世耕によると、菅と総理秘書官とも、連携は強い。菅の窓口である今井尚哉秘書官とは、菅が何か知りたいときには相談をし、今井秘書官からも相談を受ける。

官邸内にまとまりがなく、官僚組織も動かず、なにひとつ決められなかった、第一次安倍内閣の姿はない。あのときの苦い経験をもとに、いかに官僚と連携をとって国をリードしていくかを、安倍総理は考えていたにちがいない。

世耕弘成は、政治家と官僚との役割のちがいは明確にしている。官僚には「伸び伸びと良い仕事をしてもらいたい」と思っている。これは菅義偉官房長官も同意見である。そのために、官僚をある程度信頼して仕事を任せている。

ただし、時にはビシッと指導をしなければならない時もある。官僚は省庁をまたがる案件を非常に嫌うため、官邸主導で役所をまとめることが必要となる。

また、官僚は基本的に「こんなに頑張っています」というアピールと「新しいことはできません」という消極姿勢で動いている。

そんな時に、世耕がよく使うフレーズがある。

「できない理由はいい。何とかやれるように考えてきてくれ」

これは菅官房長官もよく使う〝決まり文句〟になっている。

人事に関しては、平成二六年五月に内閣人事局が設立される以前から、菅が「閣議人事検討会議」においてしっかりと手綱を握っていた。

閣議人事検討会議は、各省庁の局長以上の幹部人事について事前に審査するため内閣官房長官と三官房副長官が参加するもので、この会議をパスしなければ閣議にはかけられない仕組みである。

ただし、これまでは形骸化しており、形だけの会議を開いて各省提出の資料を開いて「はい、この資料のとおりの人事でいいですね」で済ませていた。が、第二次安倍政権になってからは、人事のたびに情報をしっかりと集め「この人はふさわしいかどうか」を真剣に議論するようになった。

この会議をパスできなかった官僚は数多くいる。逆に、内閣のために汗をかいてくれた人や、自分の得にならないのに頑張ってくれたような人を一気に引き上げて、信賞必罰の人事を徹底した。

人事の妙

「内閣人事局」の発足により、これまで官僚主導だった幹部人事を内閣人事局に一元化し、審議官級以上、約六〇〇名の人事を官邸主導でおこなうことになった。

内閣人事局は、加藤勝信官房副長官（当時）が初代内閣人事局長を務めた。ここは人事の制度などをやっている。

加藤が語る。

「指定職の人事は、人事検討会議で決めますが、メンバーは官房長官と三副長官だけです。閣議にかける人事案をそこで出して議論しています。これは以前からあった会議ですが、安倍内閣で法定化されました。この会議が了解しないと、各省の幹部人事は閣議にかけることが出来ません。

そういう中で従来型の縦割りがなくなってきました。省益や局益を主張していると、われわれのほうも『何をやっているのだ』という話になりますからね。あるいは、省益がぶつかる場合や、省が縦割りでやっているからうまく情報共有できずに、プロジェクトとして動きにくいと官邸が判断した場合、官邸で局長級会議を開き、意見調整すると、瞬時に縦割りは解けて、情報共有してやっていこうという話になります。

もちろん、内閣人事局などの制度を充実させたことも重要ですが、やはり、安倍総理や菅官房長官のリーダーシップの果たした役割が大きいと言えます」

人事局ができたことで、官邸ばかりを見て仕事をしているという批判があるが、加藤は官邸の動きを頭に入れ仕事をしていくことは大切だという。従来の官僚主導の省庁縦割り体制ではなくなったことにより、機動的に動き、また風通しの良い状況を作り出すことができている。

人事だけでなく、管理システムも省庁ごとにバラバラでおこなわれてきたが、横串を通しながら、一緒にできるものは統一し、効率を上げて管理するようになりつつある。安倍総理官邸の掌握力は大きなものである。

経済産業省出身の今井は、元官僚である。官僚時代は、総理以前に経産大臣が直接の上司であり、今井も大臣を大事にしてきた。それは、どの役所であっても変わりなく、大臣を飛び越えて総理というわけにはいかない。

官僚人事は、菅官房長官と杉田和博内閣官房副長官が主導しているのだろうが、人事を決める際には、各省庁の事務次官などと意見をすり合わせ、決めているはずだ。内閣人事局ができたことで、内閣の意に沿わない官僚は冷遇され、気に入った官僚だけが優遇されるなどと憶測するものたちもいるが、そんな無茶苦茶な人事をするようなことは決してない。

消費増税と軽減税率

平成二七年（二〇一五年）一一月、消費税再増税と同時導入する軽減税率をめぐり、自民党幹部と財務省、そして官邸でゴタゴタする場面があった。

当初、軽減税率の対象について、財務省は「米と新聞のみ」と報告してきた。

これを受け、反論の声があがった。

「いくらなんでも、そんな内容なら、やらない方がマシだ」

「軽減税率を導入するというなら、食品をカバーするべきだ」

食品を含むとなった瞬間、別の問題が浮上する。

「じゃあ、キャビアなど高級食材もいいのか」

「加工食品は、どうなんだ」

「レストランは、どうするんだ」

今井秘書官は思った。

〈そんなこと、欧米が乗り越えてきているじゃないか。ヨーロッパでは、フランス、ドイツなど国境がなくてもそれを乗り越えてきているのに、どうして日本では乗り越えられないのだ〉

今井と同様の思いを抱くものも大勢いた。

だが、財務省は、その点を異様に指摘し、盛んに反対してくる。

「食品は、線が引けませんから」

反対ばかりする財務省は、次第に菅官房長官の顰蹙を買っていく。

欧州のケースをみれば線は引ける。ただし、明白にするためには、はっきりと割り切って「外食」は軽減税率の対象外とするしかない。

軽減税率の導入については、結果的、原則として、「酒類と外食を除く食品全般」と「週二回以上発行し、定期購読されている新聞」は、軽減税率が適用されることになった。

もともと、軽減税率の導入は公明党の選挙公約であるため、やらざるを得なかった。

そばで見ていた今井は、感じていた。

〈菅官房長官は、公明党をけしかけるのではなく、政治感覚として、ここは絶対に食品全部を入れなければ公明党は折れないとみている〉

財務省は、財源として社会保障の充実策「総合合算制度」の導入見送りで浮く年約四〇〇〇億円と線を引き、そのことを、谷垣幹事長と宮沢洋一《みやざわよういち》税調会長に言いつけてきた。

四〇〇〇億円と聞いた菅は、たしなめた。

「君たち、コンビニに行ってごらんなさい。それで軽減されるのは、バナナだけだぞ。そんなんで、国民が納得すると思うか」

菅と公明党は、一般国民の肌感覚を大事にしていた。

「四〇〇〇億円なんか、無理だ」

そういったところ、財務省は次の提示をしてきた。

「そうなると、次は一兆円です」

菅と今井は、毎日のように一兆円の財源確保で協議し、その都度、安倍にも報告していた。

今井は、一二月一一日からの安倍総理のインド訪問への同行をあきらめた。軽減税率の導入が、最終局面を迎えていたからである。

財務省は、四〇〇〇億円では無理と見るや否や、突然「一兆三〇〇〇億円」を提示してきた。

今井は首をかしげた。

〈一兆円じゃなくて一兆三〇〇〇億円か……。財務省は、純粋に、本当に事務手続きが回らないとでも思ったのか……〉

軽減税率の導入をめぐる官邸と自民党、財務省の不協和音はなんとか終息したが、今井は反省していた。
〈少し、動き方を失敗してしまったな〉

マスコミ報道では、菅官房長官と麻生財務大臣の関係が取り沙汰されたりしたが、閣内での関係が悪化するようなこともなく、菅と安倍との阿吽の呼吸で、今回も着地点についた。

菅によると、軽減税率を実施する時、一円でも多く税収を増やしたい財務省は、特定の品目に限って低い税率を掛ける軽減税率などというものは必要ないと反対の立場をとっていた。

彼らは、あくまでも政策を実行する際に、資料を出すなどの事務方のスペシャリストである。例えば、世界的には、どのように軽減税率が適用されているかを示す客観的な資料を出す。

財務省の意向を耳に留めて、事務方が揃えた資料に基づいて判断するのは、あくまでも政治家だと菅は自負している。

遺族への配慮

平成二八年（二〇一六年）七月一日夜の現地時間二一時二一分に、バングラデシュの首都ダッカの外交関係施設などが集まるグルシャン地区のホーリー・アーティザン・ベーカリーで武装した七人が襲撃したテロ事件が起きた。その際、被害者の氏名を公表するタイミングで、マスコミと揉めた。菅官房長官のその態度を批判する記事を掲載した新聞もあった。菅がなかなか公表しようとしなかったからである。

菅は、マスコミには言っていた。

「ご家族が現地に行かれるまで、お名前は公表しません」

マスコミに突き上げられるままに公表すればどうなるか。遺族は、まだ、異国で起きたという親族の思わぬ死を受け止めきれずにいる。おそらく現地に赴き、自分の眼で確かめてはじめて現実となる。それなのに、その前に、その死を公にすればどうなるか。死を遺族に押しつけることになる。押し付けられた家族の思いを察すれば、菅にはとうていできるものではなかった。

公表は、遺族が、遺体と対面してからとなった。

官房長官留任

平成二六年八月九日、安倍総理は九月第一週の内閣改造・自民党役員人事について「内閣の要である菅義偉官房長官には引き続きやってほしい」と述べ、菅を留任させる考えを明らかにした。加藤勝信、世耕弘成、杉田和博の三官房副長官に加え、木村太郎、礒崎陽輔、衛藤晟一、和泉洋人、長谷川栄一の五人の総理補佐官も留任させることを明言した。

世耕弘成官房副長官はこのニュースを聞いて驚いた。普通なら、わざわざ一カ月も前に具体的な人事について触れることなど考えられないことである。

世耕は思った。

〈総理はやはり官邸を重視しておられる。今回留任を明言されたのは、今の体制で次の総裁選まで政権運営をしていきたい、というご意志の現れなのだな〉

だから総理補佐官を替えることもしなかった。安倍総理は、内閣も官邸も両方替えるリスクは取らないと判断したのだろう。

庶民感覚の政策目線

東京と京都にある迎賓館が一般に開放されるようになったのも、第二次安倍政権で菅が進めた取り組みの一つだ。

第一次安倍内閣時代、菅は総務大臣を務めていた。その時初めて、赤坂の迎賓館の中を見ることがあった。議員秘書時代も、国会議員になってからもそれまで一度も迎賓館を見る機会には恵まれていなかった。

菅はこのとき思った。

〈素晴らしい建物だな。一度、秋田の両親にも見せてあげたい。広く国民にも開放したい〉

だが、当時は、迎賓館は一般国民向けには開放されていなかった。しかし、一年のうちに外国から客を迎える日は数えるほどしかない。

菅は、国民にも開放して見学できるようにできないかを検討した。

だが、当時の迎賓館の反応は極めて後ろ向きであり、実現に漕ぎ着けることはできなかった。

結局、菅が第二次安倍内閣の官房長官になり、迎賓館を所管する内閣府を担当するようになり、ようやく実現することができた。

菅によると、この時も役所からの抵抗は強く「できない理由だけで本が一冊出せるほど」の反対にあったという。

だが、菅は屈せずに、一般開放を推進し、平成二八年度から赤坂と京都の迎賓館の一般開放が実現した。

赤坂の迎賓館は、平成二八年四月から一般公開されるようになり、平成三〇年度には、約五一万人が来館している。また、京都の迎賓館についても、平成三〇年度には一〇万四〇〇〇人が来館している。

いまや都心観光の人気スポットになりつつある。

官房長官の睨み

第二次安倍政権の危機管理人である菅官房長官は政権を脅かしかねない案件が浮上しても、先手先手で手を打っている。

第一次安倍内閣では、「なんとか還元水」の発言でよりいっそう火を点けてしまった松岡利勝《まつおかとしかつ》の事務費不正支出問題、赤城徳彦《あかぎのりひこ》の収支報告書をめぐる疑惑問題など、次から次に巻き起こる大臣の不祥事によって支持率を下げ、参院選でも大敗北を喫した。

第二次安倍内閣でも、甘利明大臣の秘書のURをめぐる口利き疑惑が浮上した。ひとつ対処を間違えれば、そこから傷口が広がり、支持が下がってしまう事態へとつながりかねない事態でもあった。

甘利は、平成二八年一月二八日、その疑惑の責任をとって内閣府特命担当大臣を辞任した。

ところが、そのときの支持率は、なんと、落ちるどころかやや上昇したのである。それは、菅官房長官の危機に対する意識の高さの証左でもあるが、見事なまでに、炎が広がる前に、初期消火ですませている。

平成二九年（二〇一七年）八月から約一二年にわたって、内閣官房副長官を務めた西村康稔と菅との縁は、平成一八年（二〇〇六年）六月二日の自民党超党派議連「再チャレンジ支援議員連盟」発足にはじまる。

この議員連盟の真の目的は、時の内閣総理大臣小泉純一郎の最有力後継者であった安倍晋三内閣官房長官を支援するための議連であった。

議連の設立は、菅義偉総務副大臣が安倍に「出身派閥である森派に頼らずに、超派閥で臨むべきだ」との進言によってなされた。政策を旗印とすることで、参加へのハードルを低くすると同時に各派閥の締め付けを難しくし、議員の囲い込みをねらった。また、世論に対しても安倍の派閥色を打ち消す効果があった。

また、西村康稔は、ほぼ同時期に拉致議連にも参加した。拉致被害者の一人、有本恵子《ありもとけいこ》さんの父親の明弘《あきひろ》さんが、西村の地元の神戸市長田区に在住し、工場が西村の選挙区の明石市にあったからである。明弘さんは、九〇年代後半から拉致問題に取り組んできた安倍晋三を非常に熱心に支持していた。

拉致議連には菅義偉も在籍して、議連幹事長を務めていた。西村は、先輩の菅義偉や山本一太の指導を仰ぎながら、拉致問題に対してどのような対策を打つか、その対策にはどのような効果があるかを計算し、公表する役割を担った。北朝鮮に対する独自制裁の法案作りも、この頃から担当していた。

菅義偉とは、再チャレンジ支援議連と拉致議連、二つの議員連盟を通して親しくなった。菅義偉は、事あるごとに西村康稔を指導してくれるようになり、それが副長官就任につながっていく。

安倍総理は、山積する問題から一つ選び、そこに焦点を当てて一つずつ結果を出す方法を採っている。これまで安保法制や特定秘密保護法など、難しい課題を毎年一つ、一定期間を置いて着実にこなしている。

これも、第一次安倍政権時の、いっぺんに多くの結果を出そうとして失敗した反省が活かされているのだろう。

もちろん菅官房長官や、今井尚哉政務秘書官などの尽力もある。

菅義偉官房長官は、内政を中心とした第二次安倍政権の司令塔である。安倍総理の思いを受け継いでいる一人であることは間違いない。

第五章　この国のゆくえを左右する男

安倍官邸の秘密

安倍晋三総理と菅義偉官房長官、そして政務と事務三人の副長官、今井尚哉総理秘書官・総理補佐官は頻繁に打ち合わせをおこなっている。

打ち合わせの目的は、情報と方針の共有である。風通しを良くすることで、それぞれの持ち場できちんと役割を分担し合うことができる。この一見何でもないようなことが、安倍政権の一番の強みとなっている。

与党の調整、国会審議との調整などを担当する官房副長官（政務）の場合、国会開催中はほぼ毎朝、国対委員長と打ち合わせをし、審議日程の詳細を確認し、法案審議の日程や総理が入る日程などを調整している。

また、たとえ細かな問題であっても、国会で追及されそうな事柄に関しては、しっかりと事実関係を整理し、答弁を準備する。

具体的な例を挙げると、令和元年（二〇一九年）五月、文部科学省の科学技術担当政務官である白須賀《しらすか》貴樹《たかき》が、緊急事態に備えて東京に待機する「在京当番」だった日のうち、平成三〇年（二〇一八年）一〇月の就任から半年間で一三日間、選挙区の千葉県に行っていたことがわかり、新聞ネタになった。白須賀の場合、車と電車を使えば概ね一時間で帰ってこられる範囲なので問題はなかったのだが、火種が小さいうちにしっかりと誤解を解いておかねばならない。

こうした些細なことも、安倍総理や菅官房長官に報告する。また閣僚のさまざまな出来事や言動も事実関係を確認し、総理と官房長官に相談し、どのように説明するかなどの準備を行う。

かつての民主党政権は、みんなが好き勝手なことを言い、バラバラの行動を取り続けた。そのことが、敗因の一つとなったことは間違いないだろう。

官房長官の心構え

安倍総理は、以前ほとんど酒を飲まなかった。が、近年は体調も良くなって、ワインなどを少し飲めるようになったという。

菅義偉官房長官は、一滴もお酒を飲まない。一口でも飲むと、顔が真っ赤になって眠くなってしまうらしい。もともと体質的に合わないのである。

西村康稔（現・経済再生相・新型コロナ対策担当相）内閣官房副長官は、若い頃は仲間とよく酒を飲んだ。が、今は酒宴の場でも、ほんの少し口をつける程度にしている。たとえ夜中でも、何が起こるか予測できないからだ。実際、深夜にたたき起こされて対応に追われることが何度もあった。

官邸の要である菅義偉官房長官の意識、心構え、姿勢がみんなに伝わり、危機管理の体制を保つことができている。

日曜日の官邸は、基本的に菅義偉官房長官がいて、安倍総理と翌日以降の国会質疑の答弁の打ち合わせなどを行っている。

菅が選挙の応援に行ったり、地元の横浜に戻ったりする場合は、西村康稔内閣官房副長官か、参議院の世耕弘成もしくは野上浩太郎内閣官房副長官が官邸に残ることになる。

西村康稔が地元に戻るのは、月に一度か二度きりである。が、有権者はその仕事ぶりについてテレビなどを通じて見てくれている。ありがたいことに、「頑張ってくれ」と理解ある声援を送ってくれている。

緩みを見せない

平成二九年八月三日、小此木八郎は、第三次安倍第三次改造内閣で、国家公安委員長兼防災担当大臣に任命され、平成三〇年一〇月二日に退任するまで、一年二カ月にわたり、大臣を務めた。

小此木は大臣在任中、菅の官房長官としての危機管理意識の高さをいつも目にしていた。

防災担当大臣は、危機管理を担当する大臣であり、突発的な自然災害や、北朝鮮による核実験などの不測の事態が起きた場合、すぐに官邸の危機管理センターに召集される。

誰もが休んでいる早朝に召集されることもしばしばあった。菅はそういう時、誰よりも早く危機管理センターに駆けつける。

平成三〇年九月六日の午前三時七分、北海道の胆振《いぶり》地方中東部を震源とする北海道胆振東部地震が発生した。

このときも、小此木は、地震発生直後に秘書官から電話を受けて、すぐに官邸の危機管理センターに駆けつけた。

午前三時三五分くらいに駆けつけると、すでに菅は記者会見をおこなっていた。

まだ新聞記者すらいなかったが、菅はテレビカメラに向けて会見をおこない、官邸に集まってきている情報を伝えていた。

小此木は、菅の迅速さに舌を巻いた。

〈自分と同じ赤坂宿舎から向かってきているはずなのに、どういうことなんだろう〉

菅は、官房長官に就任してからすでに七年以上その職にある。だが、このように危機管理意識はずっと徹底していて、一切緩みを見せるようなことはない。

かつての秘書時代の姿を知る小此木は、現在、官房長官として辣腕をふるう菅について思う。

〈綺麗ごとに聞こえるかもしれないが、菅さんには本当に私心がない。傍から見ていて、何のためにやっているんだろう、何が面白いんだろうと思うくらいに今でも仕事熱心。官房長官と

して注目されるようになったけれど、仕事への熱心な姿勢は、コツコツと横浜市内をまわっていた頃ときっと変わらないのだろう〉

菅信奉者の被災地支援

四期以下の菅を支援する若手衆院議員十数名で作る「ガネーシャの会」の会長を務める坂井《さかい》学《まなぶ》は、東京大学法学部を卒業後、松下政経塾に入塾した。同期には、前横浜市長の中田宏《なかだひろし》がいる。卒塾後は、熊本県の汚水処理会社に勤務しながら、自然農法による農作物栽培を実践していた。坂井は、そんななかで衆議院議員の鳩山邦夫がうったえていた「自然との共生」という理念に共鳴し、鳩山の政務担当秘書となる。

平成一五年（二〇〇三年）八月、「解散は近い。もうじき、選挙だ」との声が大きくなり、自民党内の動きは慌ただしくなっていた。そういう状況のなか、神奈川五区の候補予定者が他の選挙区に移ることになり空席となった。が、選挙に備え、公募する余裕はない。そこで、当時、自民党横浜市連会長に就任したばかりだった小此木八郎は、神奈川五区の市県会議員と選考を行い、坂井を候補者として決めた。坂井も鳩山事務所を退職した。

小此木は、坂井を連れて、自民党神奈川県連会長の菅義偉のもとを訪ねた。

「今度、五区から出馬する坂井学君です」

これが、菅との出会いだった。

菅は、坂井に簡単な略歴をたずねた。

坂井は、二世候補ではなく、出身地も神奈川でもなければ血縁もいない。落下傘候補だ。それを知った菅は、坂井にいった。

「そうか。私は、二世でもなく、地盤も持たずに選挙をやる人間は、応援してやりたい。頑張りなさい」

この出会いがはじまりとなり、菅との縁を深めていくことになる。

出馬が決まってから、わずか二カ月ほどで投票日というスケジュールだったため、坂井にとっての初めての選挙は、「何が何だかわからないうちに終わった」というのが正直なところだった。落下傘候補だったため、選挙で応援してくれる人などいない。ただ、自民党の候補者ということで、地元の地方議員や党員が中心となって動いてくれた。そのおかげで、なんとか投票日までたどり着けた。坂井自身は、訳もわからず無我夢中、ついていくだけで精一杯。気が付けば体重も九キロほど落ちていた。

そのため、「応援してやりたい」といってくれた菅も選挙応援に入ってくれたかどうか、その記憶もはっきりしていない。

平成一五年一一月九日、衆院選がおこなわれた。

坂井は、九万一五一三票を獲得したが、一二万三九〇五票を獲得した民主党の田中慶秋《たなかけいしゅう》の前に敗れた。比例復活もならなかった。

坂井は思った。

〈一〇年粘れば、相手は七五歳。自分は四八歳。そうなれば勝機が来るかもしれない〉

初めての選挙で落選してからも、坂井は、次の選挙に向け、地元でコツコツと活動していた。国会議員になっていないため、東京で菅と仕事をすることはかなわなかった。

それでも、菅との縁は切れなかった。政局や季節の節目には、他の新人とともに声をかけてくれ、永田町での生の雰囲気を伝えてくれた。

官房長官になってからの菅に、坂井はますますその威光を感じるようになった。

平成二五年三月、坂井は、辞任した徳田毅《とくだたけし》の後任として、国土交通大臣政務官兼復興大臣政務官に就任した。

坂井は、東日本大震災の直後から、岩手県大槌町《おおつちちょう》を中心に復興支援を続けている。

当時の坂井は、平成二一年の衆院選で落選し、浪人していた。

坂井は、震災による津波の被害状況などが心配であった。

被災地に、個人的な知り合いはいなかったが、坂井の秘書をしていた高橋博之《たかはしひろゆき》が岩手県議会議員になっていた。高橋は、岩手県の内陸・花巻《はなまき》市の選出だったが、高橋に話を聞いてみた。

「一番、被害がひどいところは大槌町です」

「そうか。では、大槌町の支援に行こう」

震災から一〇日後、高橋に案内され、坂井は大槌町に入った。

「釘があちこちから出ていますから、足で踏まないよう注意してください」

がれきであふれかえった道なき道を歩いて回った。歩きやすいところといえば、ひっくり返った船の底の部分くらいしかなかった。

津波の被害を受けた場所は、どこもひどい有様だった。一〇日ほど時間が過ぎたといっても、津波が引けた直後の状況から何も変わっていない。

坂井は決めた。

〈復興には時間がかかる。そして、そのための支援が必要だ。大規模なことはできないが『顔の見える息のながい支援』を続けていこう〉

地元に戻った坂井は、すぐに、大槌町の復興を中心とした復興支援グループ「ゆいっこ横浜言いだしっぺ支部」を立ち上げた。

地元の仲間たちと、炊き出しに出向いたり、物資を提供したり、被災直後から支援活動をつづけた。

また、平成二四年三月、大槌漁港に漁船を贈り、産業起こしに協力しようということで「三陸沖に瀬谷丸《せやまる》を！」の実行委員会を炊き出しの仲間たちが立ち上げた。この実行委員会は、定置網漁法に使える一億八〇〇〇万円ほどの船を購入するための自己資金三〇〇〇万円を寄付で集めることが目標だった。そのほかの部分は国や県などの補助で賄えるため、それ以外、自己負担で必要な分を横浜市瀬谷区民の募金で集めようと活動を進めた。

その結果、約三カ月で三六二五万円の寄付が集まり、「瀬谷丸」の寄贈が実現したのである。復興への支援経験者であり、現在も続けている坂井だったからこそ、菅は復興大臣政務官に坂井が適任だと判断し、辞任で空いたポストに坂井を推してくれたのかもしれない。

長期政権の要因

未曾有の長期政権となった第二次安倍政権。発足以来、官房長官として政権を支え続けている菅義偉は、政権が長期化した理由について、以下のように分析する。

「やはり、第一次安倍政権の時に一年あまりで失敗したことが教訓になっていると思います。それに加えて、長期的な視野をもって、戦略的に政権を運営している点です」

菅が語るように、重要法案の成立に関して、第二次安倍政権では時間をかけている。

わずか一年あまりという短期間に終わった第一次安倍政権だが、実はその一年の間で従来の自民党政権が手をつけていなかった難しい法案をいくつも成立させている。

教育基本法の改正、防衛庁設置法等改正、憲法改正の手続きを定めた国民投票法、教育改革関連三法、公務員制度改革関連法などがあげられ、第一次安倍内閣のもとでの法案の成立率は、第一六五回国会が一〇〇％、第一六六回国会が九一・八％といずれも非常に高い法案成立率である。

しかし、第二次安倍政権では、重要な法案を短期間でいくつも成立させるような手法は採用しなかった。平成二七年九月に平和安全法制を成立させたあと、テロ等準備罪（共謀罪）を新設する組織犯罪処罰法改正案は、時間を置いて、平成二九年六月に成立させている。菅によると、これは一気呵成に関連法案を成立させていくのではなく、一呼吸を置いて全体を見ながら進めていくという方法をとったという。

菅は語る。

「どんなに成立が難しい法案でも、国民の安全安心を守ることは政府の責務ですから、日本の将来にとって必要な法案は強い意思をもって取り組んでいます」

重要法案を成立させるために、一定の間合いを取り、国民の理解を深めながら法案の成立を進めることができる余裕が、現在の第二次安倍政権にはあるということだろう。

第一次安倍政権では、矢継ぎ早に法案の成立を進めたために、結果的に余裕がなかった。そのことへの反省に立ち、第二次安倍政権では、余裕を持って進めるようにしている。

全都道府県で雇用安定

安倍政権が高い支持を保っているもう一つの要因について、菅が語る。

「第二次安倍政権が発足して以降の景気の回復も、大きな要因だと思っています。アベノミクスについて、野党やマスコミはさまざまな批判をしていますが、雇用が回復していることは間違いありません」

第二次安倍政権の成立以降の六年間で一五歳以上から六五歳未満の年齢に該当する生産年齢人口は、約五〇〇万人ほどの減少が見られる。

だが、就業者数は、同じ期間に約三八四万人も増加している。有効求人倍率も、政権交代時には、〇・八三倍だったのが平成三一年三月には、一・六三倍になっている。ほぼ倍増だ。こうした景気回復の影響は、都市部だけでなく地方にも、徐々に浸透している。

現在、四七ある都道府県すべてで、有効求人倍率は、一・〇倍を超えている。これまで本土に復帰以降一度も一・〇倍を超えたことがなかった沖縄県も、平成二八年頃から一・〇倍を超えるようになり、現在は一・二倍前後の数字で推移するようになっている。

また、人口減少が続くなかで、地方圏の地価は二六年間下落が続いていたが、平成三一年の地価公示で、地方圏の地価が全平均、商業地、住宅地のすべてで二七年ぶりに上昇に転じた。

菅は、地方の地価の上昇について語る。

「おそらく、インバウンド（訪日外国人旅行客）が増えている効果が、地方にようやく波及してきた証拠だと思います」

訪日外国人旅行客の増加は著しい。いまや東京や大阪などの都市部だけでなく、地方の観光地にも多くの外国人旅行客の姿を見かけるようになった。

ビザ要件緩和

官房長官に就任した菅は、平成二五年、ビザの緩和に着手した。

国土交通大臣政務官として坂井学は、観光を担当していた。

「ほかの国の状況を教えてくれ」

そう指示された坂井は、すぐに資料をまとめ、菅のもとへ説明に行った。

各国の状況と日本の現状を照らし合わせながら、菅はいった。

「せめて、韓国くらいの緩和をしなければダメだな」

「そうですよね」

「日本の治安当局の能力は、韓国に劣らない能力を当然持っている。韓国で、特に問題になっていないというのであれば、いけるだろう。韓国はどうなっているのか、詳しい状況をまとめてくれ」

坂井は、観光庁に話をし、韓国の状況をとりまとめ、ふたたび菅を訪ねた。

資料を見て、問題ないと判断した菅の行動は早かった。

その場で、外務省の秘書官を呼びだし、指示した。

「今週の木曜日に関係大臣と会議をしたい」

その週の木曜日の一〇時に開かれた会議の場で、一回目のビザ緩和が決まった。このときは、タイ、マレーシアからの観光客に対してのビザが免除され、免除された翌月から、タイからの観光客が八割ほど増えた。

一回目のビザ緩和の決定までに、ほとんど時間は要しなかった。

翌年の平成二六年、菅は第二弾のビザ緩和をおこなうことを決心した。坂井は第一弾の時のような手法を用い短時間で決めるのかなとみていたが、菅は、同じ手法を使わず、時間をかけておこなった。

今度は、事務方に指示を出し、十二分に議論を積み上げさせたのちに、インドネシアからの観光客のうち、バイオメトリック・パスポートを所持する人についてビザを免除することを決めた。

菅が判断する姿を見て、坂井は思った。

〈毎回、同じであればいいというわけではないのだな。その時々の状況にあわせ、進め方も変えるという柔軟さも大事なのだ〉

内政の菅の本領

菅は、外国人観光客が無線ＬＡＮを利用できるように、無料のＷｉ－Ｆｉスポットの公共施設への整備も推進した。宿泊施設や空港、飲食店などはもちろん、最近では新幹線の車内や駅構内でも、整備が進んでいる。

新幹線の車内では、平成三〇年度から整備が始まり、令和元年度中にほぼすべてで使えるようになった。

ＪＲ西日本、九州、北海道では、平成三〇年度中に整備され、ＪＲ東海の東海道・山陽新幹線などの約二一〇〇両は、令和元年の冬までに整備された。

ＪＲ東日本の東北新幹線などの約一〇〇〇両は、令和二年夏までの予定が令和元年五月に前倒しされた。

新幹線だけでなく、訪日外国人の利用が多い在来線の特急などでも始まっている。

名古屋と富山間を飛騨高山を経由して結ぶ「特急ひだ」や、岡山と松山を結ぶ特急「しおかぜ」は、平成三〇年度中に全車両で整備された。

札幌と新千歳空港を結ぶ「快速エアポート」も、東京オリンピック・パラリンピックまでに、整備される。

また、駅についても、新幹線は一〇八駅ある全駅で平成三〇年度中に整備され、今後は、訪日外国人観光客の利用が多い駅を中心にさらに拡大を進めていく。

安倍政権では、平成二九年度に港湾法を改正し、投資を行う事業者に、岸壁の優先使用などを認める新しい仕組みを創設し、これまで那覇港など九つの港湾で投資が進んでいる。

菅は、博物館、美術館などの国が所有する施設の開館時間の延長にも取り組んできた。

博物館、美術館などの利用時間は、これまで午前九時半から午後五時までということが多かった。しかし、その時間では利用できない人も多い。金曜日と土曜日は午後八時まで、また、夏場は午後九時まで開館するようにした。これを実現するにも、指示から実施まで二、三カ月かかった。

全体の会議で、菅は担当者に迫った。

「いつ決められるのか。その時期を今言ってくれ！」

結果的には、開館時間を延長し、さらに利用者が増えることによって、職員たちもやる気になっているという。

今では、博物館によっては、夜間の貸し切りツアーのような新たな催しが行なわれるようになっている。

博物館や美術館には、多くの学芸員資格を持った人たちが働いている。彼らが展示について作品内容を説明するのはとても好評だ。

最近では、宮内庁も皇居を国民に開放している。また、新宿御苑も従来午後四時半に閉園していたが、午後六時まで開園時間を延長するようになり、さらに夏の時期は夜七時まで延長するようにした。

国立公園も、従来は「守ること、維持すること」に重きを置く運営をしており、利用を促進するとの視点に欠けていた。

現在は、従来の運営だけにとらわれず、日本を訪れる外国人観光客にも「魅せる」ことを意識しつつ、運用していくことを目標にしている。

政府では、現在、国立公園の「ナショナルパーク」としてのブランド化を目指す「国立公園満喫プロジェクト」を進めている。先行して八カ所の国立公園で、「国立公園ステップアッププログラム２０２０」を策定して、訪日外国人を惹きつける取り組みを開始し、それを三四の国立公園全体に展開することとしている。

選定された国立公園は、阿寒摩周国立公園、十和田八幡平国立公園、日光国立公園、伊勢志摩国立公園、大山隠岐国立公園、阿蘇くじゅう国立公園、霧島錦江湾国立公園、慶良間諸島国立公園の八カ所。

菅は、将来的な構想では、国立公園に民間カフェなどの環境に配慮した集客施設を誘致し、外国人観光客に自然との調和を楽しんでもらえるようにしたいと思っている。

狙うはアウトバウンド最大の欧州

平成三〇年（二〇一八年）の一年間の日本への外国人観光客数は、約三一一九万人。実は、平成三〇年は、上半期は前年比一六％ほどの増加があったが、下半期は自然災害が多かったことも影響し、二％程度しか増加しなかった。

安倍政権ではさらなる環境整備を進めている。

東京五輪がおこなわれる令和二年夏に照準を合わせて、羽田空港は、国際線の年間発着枠が増加し、現在の約六万回から約四万回増加し、約一〇万回に増える予定だ。

同様に成田空港でも、高速離脱誘導路の整備などによって、発着容量が約四万回拡大される予定である。

さらに、観光客が年々増加している沖縄の那覇空港も、第二滑走路の完成にともない、滑走路を安定的に離着陸できる回数が約一〇万回増える予定だ。

政府では、令和二年に四〇〇〇万人、令和一二年（二〇三〇年）には六〇〇〇万人の訪日外国人客の来日を目標に掲げている。

ホテルも、五輪に向けて、首都圏を中心に全国で建設が進んでいる。が、訪日外国人客四〇〇〇万人を宿泊させるためには、まだまだ整備を進める必要がある。

これまでは、日本には、アジア各国からの観光客が多かった。が、世界的には、ヨーロッパ各国の観光客が一番多い。

そのため、日本では、いまヨーロッパやアメリカなどへの誘致活動に力を入れている。

中国や韓国などの訪日外国人観光客を除く、欧米、豪州、オセアニア、東南アジアからの訪日観光客は、毎年約一〇%前後の伸びを示している。今まで少なかった地域からの訪日観光客も、今後は増えていくだろう。

地方振興では、「ふるさと納税」も、菅が総務大臣時代から一貫して取り組んできた制度だ。

第二次安倍政権の発足以降、従来の煩雑な手続きではなく、簡潔に申請できるようにした。

これまで確定申告時にしか申請できなかったものを、ワンストップで申請できるようにしたのだ。

さらに「ふるさと納税」によって、減額される住民税の額を従来の一割から二割へと変更した。

このように制度を利用しやすくしたことにより、それまで約一〇〇億円前後だった「ふるさと納税」の利用額は、平成三〇年度には、五〇〇〇億円を超える規模へと拡大した。

菅は、各地の首長と会うたびに、「ふるさと納税」の利用が増えたことによって、「職員の意識が変化した」という話を頻繁に耳にしている。

「ふるさと納税」を通して、自分たちの地元の特産品の魅力に気づき、やる気を起こす職員がたくさんいるというのだ。

攻めの農業へ

安倍政権では、農林水産物や食品の海外輸出にも力を入れている。

政権発足直後の輸出額は、約四五〇〇億円ほどだったが、この七年で倍増している。

平成三〇年は、輸出額の合計は、過去最高額の九〇六八億円。前年比一二・四%も増加している。輸出先を見ると、一位が香港、二位が中国、三位がアメリカとなっている。

政府は、目標額を一兆円としているため、例年通りの伸びを見せれば、実現する可能性は高い。

しかし世界的には、この分野は、約一五〇兆円の市場規模があるため、今後もさらに伸びる余地があるという。

菅は語る。

「景気が良くなり、働く場が増えた。有効求人倍率は全都道府県で一を超えている。人口減少のなかでもう地方の地価は上がらないと思われていたが、本年は二七年ぶりに上昇に転じた」

安倍政権では、農業改革にも力を入れている。

第二次安倍政権になってから、四〇年以上続いた減反の見直しをおこない、農協改革も六〇年ぶりにおこなった。

かつては一万三〇〇〇あった農協が現在の約六〇〇まで再編されたにも関わらず、法律はそのまま維持されてきていたのである。

林業についても、法律改正を約七〇年ぶりに行った。

これまで各地にある所有者不明の森林が問題になっていたが、市町村が五〇年間を上限として、伐採から植栽までを林業業者に貸すことを法制化した。

漁業の法律改正も、約七〇年ぶりにおこなった。

日本の漁業は、かつて世界第一位の規模であったが、現在は第七位になっている。

世界の漁獲高は、かつての倍になっているが、日本は約三分の一にまで縮小している。

理由は、養殖の割合が世界に比べて低いからだという。世界では五割が養殖だが、日本は二割前後なのが実態だ。

これは漁業組合の既得権益が強く、養殖の振興に反対していたからだという。

が、関係者の理解をいただいて予算措置をおこない、漁業法の改正をおこなうことができた。

日本の農林水産物は、世界的に高い評価を受けている。

菅は、今後も従来の「守りの農業」から「攻める農業」への大転換を推進していくつもりだ。

菅は、現代の後藤新平か

竹中平蔵は、政治家としての能力としては、当然、菅は総理大臣になる力を持っていると考えている。だが、菅自身からは、そういった野心を感じられないと竹中は言う。

かつて名官房長官と呼ばれた後藤田正晴や、戦前に台湾総督府民政長官、満鉄初代総裁、逓信大臣、内務大臣、外務大臣、さらに東京市長として活躍した後藤新平《ごとうしんぺい》のような総理大臣にならなかったことによって名を残した実力派の政治家になるのでは、と竹中は菅のことを見ている。

安倍四選はあるか?

平成三〇年九月の総裁選で三選を果たした安倍総理だが、ここに来て「四選」の話も浮上している。

平成三一年二月一八日夜、東京・白金台の中国料理店に安倍総理や、林幹雄《はやしもとお》幹事長代理、岸田文雄政調会長、野田聖子衆院予算委員長ら当選同期九人が集まった。

平成五年の衆院選で初当選を果たした同期のメンバーは仲が良く、初当選後も定期的に同期会を催していた。

会合では次の総裁選をめぐってこんなやりとりがあった。

安倍総理が岸田政調会長に話を向ける。

「僕は次は出ない。次の総裁候補は岸田さんだよね」

が、岸田は反応せずにポーカーフェイスを崩さなかった。

そこでポスト安倍に意欲を燃やしている野田聖子が、意欲を見せた。

「総裁候補には、私もいる」

すると、林が言った。

「四選もあるかもね」

林が発言すると、その場はシンと静まりかえった。

林は何気ない冗談で言ったのだが、その場にいた議員たちには真実味をもって受け止められたようだった。

総裁任期を「連続二期六年」から「連続三期九年」へと延長した平成二九年の党則改正は幹事長の二階俊博の主導によるものだった。二階に近い林の発言には、岸田も野田も思わずリアリティを感じたのだろう。

二月二七日には、自民党の加藤勝信総務会長（当時）が、正式に「四選」に言及した。

加藤は、派閥こそ竹下派ながら、岳父の加藤六月《かとうむつき》が安倍総理の父・晋太郎の側近だったこともあり、安倍家との関係が深い。

第二次安倍政権発足以降、加藤は、官房副長官や初代の内閣人事局長、一億総活躍や女性活躍などを担当する内閣府特命担当大臣、厚生労働大臣、そして党三役の総務会長と要職を歴任している。

加藤は、この日都内の講演で語った。

「総理がどう判断するかわからないが、国民から『さらに』という声が出てくれば、後々の状況は生まれてくるかもしれない」

ポスト安倍

西村康稔（現・経済再生相）が見るかぎり、安倍総理自身が四選を考えているとは思えなかった。連続三選を果たし、残された任期の間に、自分がやり残してきた北方領土を含むロシアとの平和条約の締結、拉致問題解決、憲法改正の道筋はつけたい、という強い気持ちを持っているように感じる。

ただし、外交を考えると、安倍が三期で総理を退任するのは、もったいないことではある。

アメリカ大統領と厚い信頼関係を築き、気軽に電話会談ができる日本の総理など、これまで存在しなかった。以前は、何日も前からアメリカ側と打ち合わせをし、準備に準備を重ねてようやく電話会談にこぎ着ける、という段取りが普通だった。とりつく島もなく「電話会談など不要だ」と言われることも珍しくなかった。それが、トランプ大統領と安倍総理の関係においては、用件があればいつでも電話できるし、向こうからも気軽にかかってくる。トランプ再選の可能性が高まっている今、この良好な関係に終止符を打ってしまうのはもったいない話である。

また、北方領土問題も、プーチン大統領の時代がまだまだ続く中、ある程度の道筋を立ててもゴールまでは時間を要するだろう。やはり安倍総理に続投してもらったほうがいい、という話になるかもしれない。

安倍総理自身は、「まずは残された時間でどこまでできるか」に懸命に取り組んでいる段階である。

平成三一年三月一二日には、二階幹事長も、この日午前の記者会見で、発言している。

「党内外、特に海外からの支援も十分あるわけだから、この状況においては十分あり得ることだ。余人を持って代えがたいという時には、なんら問題無いと考えております」

ポスト安倍をめぐっては、石破茂元幹事長や岸田文雄政調会長、加藤勝信厚生労働大臣らのほかに、最近では菅義偉官房長官の名前も取り沙汰されている。

官房長官として安倍政権を支える菅には、「将来は総理大臣」という思いなど一切ない、と本人は言い切る。

二六歳で政治の世界を目指し、四八歳で国政の世界に入った菅は、仕事に対する情熱とアクセルを踏んでいる足にブレーキを掛けるつもりなどない。

ただ、人には人それぞれの役割がある。

トップに立つ人間は、表舞台に立ち、外交をはじめとしたトップにしかできない任務がある。そして、トップに立つ人間の傍らには、必ず支えてくれる人たちがいる。また、いなければトップとしての任務を果たすことは不可能だ。

その傍らこそが、菅のいるべき場所である。

菅は、自分でわかっているという。

〈私は、トップに立つ人たちが動きやすいように物事を進めていく役割が一番似合っている。ここでパワーを発揮できる〉

国会議員というものは、一国一城の主だ。いろいろなことを自分勝手に発言する。官僚も裏で国を牛耳り、動かしているのは国会議員ではなく自分たちの方だという自負がある。そんな自尊心丸出しの人間たちを収斂させ、動かしていくには、しっかりと物事を決められる剛腕が必要だ。

菅は、そういう人間や物事を取りまとめ、一つの方向に向かって突き進ませることに生きがいを感じる。

そして、段階を経て最後に盛り上がる形をつくるという段取りには特に長けている。

中堅、若手議員を中心に菅への支持、菅への期待感が派閥横断的に広がっている。

そのひとつが「偉駄天《いだてん》の会」。インド古代の宗教であるバラモン教の守護神「韋駄天」と、安倍政権の守護神としての菅のイメージを重ね、菅の名前「義偉」の「偉」に置き換えて命名した。さらに、菅の地元である神奈川を中心に、茨城、千葉などの関東地方出身の四期以下の若手が集まる「ガネーシャの会」。ガネーシャとは「韋駄天」の兄弟とされる「歓喜天《かんぎてん》」が命名の由来となっている。

自民党の若手のリーダー的な存在である小泉進次郎《こいずみしんじろう》とは、かつては良好な関係であったが、安倍総理を支持するかどうかで袂を分かってしまっている。

菅原一秀《すがわらいっしゅう》も、無派閥の衆参の議員が集まった有志の会に所属している。ガネーシャの会とはちがい、ベテラン・中堅の議員が参加している。この会で定期的に会合を開く。

それとは別に菅原は、五期生や六期生を中心とした無派閥議員約十数名が参加する議員グループを設立し、「令和の会」と名づけた。

このように菅を支持するいくつかのグループを合わせると、ほぼ四〇名にはなり、中規模の派閥と変わらない。これらいくつかのグループは緩やかな連合体で、派閥のような縛りはない。菅の理想とする形に近いのだろう。

しかし、自民党議員の間では支持が広がる一方で、菅に対する、国民の知名度、支持は低かった。安倍総理の後継者について訊いた世論調査でも、菅の名前が上位に上がることはまずなかった。

ところが、ここに来て、菅への期待感は急激に上がってきている。菅原も、菅の側近のひとりとしてインタビューに応じる機会が増えた。あきらかに平成三一年四月一日の新元号「令和」の発表記者会見によって、菅に新たな時代を吹きこまれたようなイメージを国民は抱いているのかもしれない。いまやポスト安倍のトップに躍り上がったといってもいい。

菅ビジョン

安倍総理が三選後、引退する場合は、任期は令和三年九月までとなる。それまでに何をやるのか。

菅が語る。

「やることは決まっていて、まずは安倍総理の所信表明演説に書かれていることを実行することです。前回の総選挙の際に、安倍総理は公約として、幼児教育の無償化を訴えましたが、令和元年（二〇一九年）一〇月の消費税率の引き上げと同時にこれを実現します。いままでの社会保障制度は、七割が高齢者の方への給付でしたが、これを思い切って子育て世代にも投資しようという仕組みを再構築していきます。全世代型の社会保障制度の実現は、大転換ともいえる取り組みだと思っています」

安倍政権は、子育て世代だけでなく、高齢化への対策も進めている。

二〇二五年を目標に推進しているのが「地域包括ケアシステム」の確立だ。

さまざまな調査によると、八割前後の人たちが「自分の住んでいる地域で最後まで人生を過ごしたい」と望んでいる。

その願いを実現するために、住まい、医療、介護、生活支援などが住み慣れた地域で一体的に提供される仕組みを整備していく。

平成三〇年（二〇一八年）八月二一日、菅は日本の携帯電話料金について、「四割程度、下げられる余地はある」と発言した。

坂井学衆議院議員は、平成二九年（二〇一七年）八月から総務副大臣として電気通信事業を担当していた。

総務副大臣に就任した当時、坂井も、菅と同じように、日本の携帯電話料金は、おかしいと感じていた。

〈携帯電話の料金は、海外と比べても高い。もっと安くできるのではないか〉

普通の人も、常識的に考えてそう感じているはずだ。

坂井は、担当副大臣として、総務省の担当部局にその考えを伝えた。

「携帯電話の今の在り方、おかしいぞ。長いこと大事に携帯を使っている人が割高な料金を払わされるなんて。適正・健全な競争環境にないんじゃないか」

担当者からの答えは「民間の料金体系ですから行政は口出しできません。また、現在の法律に則っていますから違法ではないのです」というものだった。

その返事に、坂井は言った。

「それなら、法律を作るなり変えるなりすればいいじゃないか」

しかし、坂井の発言だけでは、総務省も動かなかった。

ところが、菅が「四割安くできる」と明言したことで、一気に流れが変わったのである。

菅発言から約八カ月、令和元年（二〇一九年）五月一〇日、携帯電話料金の値下げを実現する環境を結果として作る内容を含む改正電気通信事業法が、参院本会議で可決、成立した。

これにより、坂井がおかしいと訴えていたかなりの部分が変わることになる。例えば、端末代と通信料金の分離、二年縛りや四年縛りといった極端な囲い込み、また、販売代理店による異常な値引き、などである。

今回の法改正を受け、坂井はしみじみ思った。

〈あのとき、彼らが私に説明していた話はなんだったのだろう。菅官房長官の発言から一年も経たないうちに、ここまで変わるなんて……〉

菅の発言には重みがある。

自分が最後まで責任をもって実行するという信頼があるからこそ、当然、総務省も動いた。たとえ、坂井が同じことを言ったとしても、総務省はすぐには動けない。

その一方、菅には、自分たちを守ってくれるという安心感がある。そのうえ、最後には結果を出してくれる。

役人との信頼関係がある人間と、それがない人間。同じ議員バッジを着けていても、対応が違うのは、きわめて当然のことである。

もし、坂井が、菅と役人が持つ信頼関係を育みたいというのであれば、それだけ信頼してもらえる議員になるしかない。

坂井は、携帯電話料金の一件だけでも、菅の実現力をはっきりと実感した。

携帯電話のユーザー目線に立ち、国民目線でおかしいものはおかしいと判断し、それを変えた。

坂井は思った。

〈変えるための勇気を忘れてはいけない。変えるための勇気を持たなければいけない〉

きさらぎ会

きさらぎ会のオーナーである鳩山邦夫は、口癖のように何度も言った。

「この会には二つルールがある。逆に言うと、二つしかない。一つは、何があろうと安倍、菅ラインを支えていく。二つ目は、きさらぎ会の会合では、当選回数や役職、上下関係は一切関係ないから、みんな自由に楽しくやろう」

当初は五人程度だったきさらぎ会も、もっとも多い時は一二五人にまで達する自民党の最大グループに成長した。

平成三〇年（二〇一八年）六月、自民党の河井克行《かわいかつゆき》衆議院議員は、無派閥の若手国会議員たちを中心とした、定期的な情報交換と懇親を深める十数名の『向日葵会《ひまわり》』を発足させた。

会の名前は、会員からの提案により、太陽のもとで咲き誇る強く明るいヒマワリにちなんで名付けられた。

無派閥の議員からさっそく申し出があった。

「情報交換、意見交換の場として、お互いに連絡を密にしたい」

河井は、毎週木曜日に昼の例会をおこなうことを決め、講師を招いての夕食会も定期的に開くことにした。

きさらぎ会の時と同様、数人から始めたメンバーも少しずつ増えていった。無派閥の議員に加えて、派閥やグループに入っている人たちも参加し、計一五人となった。

きさらぎ会のメンバーは当初、無派閥議員が多かった。人数が増えるにつれ顔ぶれも多彩となり、既成の派閥に所属する議員も増えた。

が、きさらぎ会の趣旨はあくまで「安倍晋三を応援すること」である。そのため、平成二九年（二〇一七）一〇月二二日の衆議院総選挙が近づくと、屋上屋を重ねないように活動を控えるようになった。

そのため、鳩山邦夫会長が平成二八年（二〇一六年）六月二一日に十二指腸潰瘍で死去した後に国会議員となった新人には、向日葵会に入ってもらうようになった。

向日葵会は、きさらぎ会と同様に、安倍晋三と菅義偉の応援団である。向日葵会幹事長の河井克行は、入会する議員に対して、「安倍総理と菅官房長官を支えますね？」と必ず確認している。

菅義偉官房長官は多忙にもかかわらず、向日葵会の新年会をはじめ、数カ月に一度は会合に参加していっしょに食事をしてくれるという。

「ガネーシャの会」

坂井学は、四期以下の若手衆議院議員十数名で作る「ガネーシャの会」の会長を務めている。

菅は、基本的に「ガネーシャの会」に出席しない。時々、段取りをして、出席してもらうことはある。

最初のころは、菅と縁のあった若手議員たちが名前も付けずに集まっていた。が、回を重ねるにしたがって、「さすがに、名前をつけないと不便だ」という話から、ある一人の議員が「ガネーシャの会」を提案し、みんなが「それでいいじゃないか」と賛同し決まった。

また、坂井が会長になったのも、会のスケジュールなどを管理し連絡する係が必要だったためである。そのため、会長といっても事務局のような役割である。

最近、マスコミが「菅グループ」の動きに注目するようになり、新聞紙上に名前が取り上げられる機会も増えたが、会の名前を付けたときには、まさかこんな大ごとになるとは想像もしていなかった。そのため、今になって坂井は後悔している。

〈いい加減に名付けてしまって……。もうちょっと考えて付ければよかったかな〉

菅グループの集まりは、総裁選に向けての集まりだとマスコミは騒いでいるが、坂井にしてみれば、勝手に騒いでいるだけのように思える。

菅は何人かの無派閥の議員と交流を持っていると聞くが、坂井は自分が会長を務める「ガネーシャの会」のことしか知らない。「ガネーシャの会」のメンバー間では、「菅には、総裁選出馬を狙っているという意識はない」というのが共通認識だ。

もしも、菅自身が、本気で総裁選への出馬を望むというのであれば、そのときは、坂井も応援しようと思っている。しかし、現時点で、一回たりとも菅は「総裁選出馬」の話や意欲の一端さえのぞかせたことはない。

「ガネーシャの会」のメンバーの中には、菅に対して「総裁選出馬」を訴えたものもいた。だが、その話に、菅はまったく乗ってもこない。

坂井学にとって、菅の一番の魅力は、実現する力であり、それを形にするために最大限の努力をすることだ。

そのため、菅は素晴らしい実行力を駆使して、誰よりも自らが動く。

坂井からみた菅という政治家は、「覚悟の政治家」である。

証券アナリストが見た菅官房長官像

菅義偉官房長官と親交のある証券アナリストは、菅と定期的に朝食会をおこなっているという。

朝食会の固定メンバーは、菅、証券アナリスト、菅と付き合いのある番記者、菅の秘書官の四人。さらにその都度、メンバーの誰かの紹介によって、企業の経営者などのゲストを招いて、おこなわれていた。

午前七時から朝食をとりながら一時間ほどの朝食会で、議題は、主に政治や経済、社会情勢などさまざまなテーマで、参加者たちは自由闊達に意見を交換する。

証券アナリストは、経済情勢や企業業績の動向、株価の推移、株式市場が安倍政権をどう見ているのかなど、自らが専門とするジャンルを中心に菅長官に自身の分析を伝えていた。

証券アナリストが、菅の印象について語る。

「印象深いところは、勘の鋭さです。菅長官は資料を読みながら話に耳を傾けているのですが、何かひっかかるところがあるとすぐにパッと反応していろいろ質問をされます。反応するポイントは、政権にとってリスクとなりうるテーマや、深く掘ると政権にとってメリットとなるテーマなのですが、質問も後から振り返ると鋭いな、と思うことが多いです」

菅の関心の強い分野はどこなのか。証券アナリストがさらに語った。

「マクロ経済や金融市場の動向などよりは、インバウンドの増加や待機児童の減少など、具体的な課題の方に関心を持たれることが多いです。また経済学者やエコノミストの意見は人それぞれで、まさしく百家争鳴《ひゃっかそうめい》ですが、そのさまざまな意見のなかで、今はこれが必要だと見抜く力、直感は凄く優れていると感じる。やはり、政治家として修羅場を多くくぐっているだけに経験から来る直感力なのでしょう」

証券アナリストは、菅のこまめな人脈づくりについても語る。

「朝食会でも、ゲストに対して『これは』と思う人物だとすぐに携帯の番号を交換しています。そういうところは非常にフットワークは軽いです」

証券アナリストは、菅に講演を依頼し、懇談会を開催することもあるという。

「菅長官にゲストスピーカーをお願いしたこともありますが、その時は、メモなしで滔々と二、三〇分話してくれました。細かい話も頭に入っているようで、まさに立て板に水のように語ります。『オフレコですよ』なんて言いながら、参加者たちにとってちょっとした土産話になるようなエピソードも織り交ぜたりとか、そのあたりの気配りは抜群です」

また、証券アナリストは、政治家としての菅の凄みを感じることも多いという。

「菅長官は、規制を変えていくためにどこを動かせばいいかを熟知しています。例えば、インバウンドの需要に合わせて、北海道の空港のキャパシティが問題になっているとしたら、国土交通省の誰に頼めば動くのか。そういったことがあらゆる政策テーマに関して、頭に入っている印象です。各省庁のキーパーソンを全て抑えているのでしょう」

証券アナリストによると、菅は、政治家として非常に強い改革志向を持っているという。

「菅長官は、改革志向が非常に強い。今の日本にはさまざまな問題がありますが、その背景には霞が関（中央官庁）による規制の弊害があるという認識が強く、それを改革していくことに政治家としての強い使命感があるように感じます。小泉政権の時にも構造改革が叫ばれましたが、実際に変えられたものは少なかった。やはり菅長官のように、構造改革を成し遂げるには、変える意志と改革を成し遂げる政治力の両方がないとできません」

菅の改革志向には二つのルーツがあるという。

「菅長官は、総務大臣になる前に竹中平蔵総務大臣のもとで総務副大臣を務めていました。その影響もあると思います。それと菅長官の政治の師匠ともいえる梶山静六元官房長官も、晩年、構造改革の必要性を強く訴えていました。政策的にその二人の影響を受けているのではないでしょうか」

証券アナリストが今後の日本の行く末について推察する。

「東京五輪後の景気に関しては、慎重な見方が多い。蓋を開けてみないとわかりませんが、一度は日本株のポジションを整理するような動きが出てくるでしょう。世界の景気も、来年、再来年は厳しそうです。今はリーディングセクターである半導体の在庫循環が良くなっていますが、一年半ほどでピークアウトすると見られています。その頃に金融緩和を打ち出しても、それほど市場は反応しないでしょう。おそらく二〇二一年以降の世界の景気はかなり慎重に見た方がいいはずです」

緊迫化するアメリカと中国の関係はどのように世界経済に影響を与えるだろうか。

「両国の覇権争いの部分がどのように顕在化していくか。例えば、アメリカが中国のハイテク企業に対する部品供給を絞り、本気で中国のハイテク企業を倒しにいく可能性もゼロではない。日本も、今は両面外交でうまくやっていますが、米中どちらを選ぶかとなったら、安全保障上からアメリカを選ばざるを得ない。もしかしたら、二者択一の世界が来るかもしれません」

かつては世界を席巻した日本企業だが、現在は停滞が続いている。その理由は何か。

「以前は東芝、キヤノン、ソニーなどが世界を席巻するような商品を生み出していましたが、今はそういう商品を開発できなくなっています。その一因は、日本企業が商品開発の点において、技術者の意見が強すぎることもあると思います。例えば、アップルの製品だと、プラットフォームに合わせて商品を開発していきますが、日本は技術者からのボトムアップで商品を作る」

さらに日本の労働環境もイノベーションを阻害する要因だという。

「硬直した人事制度のもとでは、イノベーションは起こりません。若い優秀な人が国として必要な部門に就職する仕組みになっていないんです」

証券アナリストが政治家としての菅への期待について語る。

「私は仕事柄、海外の投資家とも情報交換をしますが、菅長官の改革志向は非常に評価されています。正直に言えば、もし安倍総理のあとに菅長官が総理になれば、日本政府の規制緩和への姿勢は強くなるでしょうから、さらに海外の投資家からは評価されるでしょう」

菅総理待望論

飯島勲内閣官房参与は、「月刊Ｈａｎａｄａ」の令和元年（二〇一九年）六月号の『ポスト安倍は菅官房長官で決まり』で、こう述べている。

「私は、菅義偉官房長官に対する期待が大きい。

新元号『令和』を発表したことで、国内では子供たちまで顔を知っているし、世界中にニュースが流れ、一躍、名前と顔が世界に知られた。

『令和』の額を掲げた時のちょっと緊張した顔も非常に、特に女性から好感を持たれている。安倍後継としての菅官房長官株は一気に上がった感がある。

安倍総理を含めて多くの議員が世襲のなか、菅官房長官は秋田から就職列車で東京に出て来て、苦学し、議員秘書から議員となり、地べたを這うような苦労を重ねながら今日に至っている。何でもそろっている昨今の世襲議員とは、性根が違う。

そして、そういう立場で安倍長期政権を官房長官として陰で支え続けてきた。私の本音で言えば、小泉内閣で官房長官を務めた安倍へ、と同じ流れで安倍内閣をもっともスムーズに継承できるのは菅官房長官しかいない。これらはあくまで私の個人的見解だ。このあと、どのように変化していくかはわからない」

二階幹事長も、月刊誌「文藝春秋」の令和元年五月号で、ポスト安倍の有力候補として菅長官の名前を挙げて、次のように語っている。

「菅さんは、この難しい時代に官房長官として立派にやっておられますね。それは素直に評価に値すると思っています。また、彼はそういうこと（ポスト安倍の総裁候補）にも十分耐えうる人材だと思っています」

現在の自民党は安倍一強政治といわれるような状況が続いている。

宏池会の岸田の後見人的存在の古賀誠元自民党幹事長は、筆者のインタビューに答えた。

「私自身は、やはり自民党は党員のみならず、幅広い国民の意見を吸収することができる国民政党であるべきだと強く思っています。それを考えると亡くなった野中広務先生も、今の政治を見て残念だなと思っているかもしれません。わかりやすく言えば、タカ派といわれる清和会の政権も良いけれど、それだけに偏らず、もう少し自由を尊重する現実的な保守中道の選択肢も自民党のなかに必要だと思っています。それを担っていたのが、宏池会や平成研究会だったわけですから。いわゆる『保守本流』のグループです。その二極がバランスよく政権を担っていくことが自民党が国民への安心感を果たすことになるんじゃないかな、と思っています」

古賀は、メディアなどでポスト安倍について「宏池会会長の岸田文雄自民党政調会長がすぐに目指さなくてもよい」と発言している。それについて古賀が語る。

「過去の歴史を見ても、長期政権のあとは誰がやっても短命になりやすいことは明らか。

中曽根政権のあとは、竹下、宇野、海部、宮沢政権と短命で、ついに細川連立政権に政権を奪われてしまった。小泉長期政権のあとも、第一次安倍、福田、麻生政権と短命で、野党の鳩山政権に取って代わられてしまった。今回の長期の第二次安倍政権のあとは、修羅場・土壇場・正念場の連続ではないかと思います。仮に岸田さんがポスト安倍の総理になったとしても、問題山積の状況で引き受けるのは相当大変なんじゃないかと思っています。年齢的にはまだ若いのだから、岸田カラーをしっかりまとめて、国民の期待に応える政権を目指してほしいと思っています。急がずに、国民の期待や盛り上がりを大事にしてほしいですね」

一方で、古賀はポスト安倍の有力候補として菅義偉官房長官への期待についても語った。菅はかつて古賀が会長を務めていた当時の宏池会に所属していたこともあった。

「菅さんの度胸と情報収集、その分析力はすごいものがあります。彼も秋田の山間部から出てきた叩き上げの政治家ですから、土の匂いがする。日本のリーダーへの情熱を期待したいものです」

このように菅への期待を示していた岸田派で名誉会長を務める古賀は、令和二年（二〇二〇年）一月二七日、大阪市の講演で語った。

「岸田政権をしっかりと早く実現するのも私のひとつの大きな使命」

ひとまず岸田にということであろうが、菅への期待を否定したわけではない。

さらに古賀は、月刊誌の「文藝春秋」令和二年四月号に寄稿した「岸田総理を菅さんが支える」のなかで、以下のように語っている。

「安倍政権がこれだけ安定した政権になったのは、番頭役だった菅さんの働きかけが大きかったのは間違いない。危機管理をはじめ、政権のために身を粉にして働いてこられた。大変素晴らしいことだと思います。

このところ、菅さんはいろいろご苦労も多いようですが、政治の世界ですから、風も吹けば、雨も降る日もある。しかし、そういうこと一つひとつが血肉となり、より大きな器になっていくのではないでしょうか。皆さんがどういう想像をされるかは別ですが、私は、今も菅さんに大変期待しているし、信頼もしています」

「あと、菅さんは、二階俊博幹事長ともすごく仲良くやっておられるみたいですね。二階さんも二世、三世議員ではなく、同じ〝土の匂い〟のする政治家。私にとっても、同志として数少ない盟友です。

その菅さんと岸田会長がタッグを組めば、強いよね。

ところが、二人は同じ宏池会だったのに、どうも互いが互いを苦手にしているのか、接点があまりないようです。でも、一瞬でグッと近づく時もあれば、どれだけ仲が良くても一瞬で離れる時もある。それが政治ですから。もちろん、私が二人を引き合わせるなどという恐れ多いことは、今の時点では考えてもおりませんが……、本当に良い組み合わせだと思いますね。

ただ、今でも菅さんを総裁として見てみたいとも思っていますが、宏池会の政権を作ることが私の最大の責務である以上、何としてでも岸田会長を総理総裁にして、保守本流の政治を担ってもらう。その時に菅さんは幹事長なのか、官房長官なのか。いずれにしても、菅さんの力を引き続き国政で生かして頂きたいと思っています」

全否定の菅の心中

令和元年一二月二七日、安倍晋三総理は、BSテレ東の「NIKKEI日曜サロン」の番組収録で、自らの自民党総裁四選について「本当に考えていない」と改めて否定した。

さらに安倍総理は、「自民党は人材の宝庫だ」と指摘し、ポスト安倍候補に言及。岸田文雄政調会長、茂木敏充外務大臣、菅義偉官房長官、加藤勝信厚生労働大臣の順に名前を挙げた。菅官房長官については「日米のさまざまな懸案について交渉した経験がある」と述べている。

令和二年二月八日の筆者のインタビューで、ポスト安倍の候補として名前を挙げられることについても、菅は語った。

「安倍総理がテレビでどのように発言したのかわかりませんが、私自身はまったく考えていません。これまでと同じように、官房長官としてやるべきことをきちんとやっていくことが大事だと思っています」

森喜朗元総理も、月刊誌の「文藝春秋」令和二年三月号に寄稿した『五輪と政局』に吠える」のなかで、菅を高く評価し、「これほどの官房長官はいませんよ。私だったら、幹事長にしてあげたい」と言及している。

菅は、そのことについても語った。

「それは、森さんがご自身の考えをおっしゃっているだけじゃないですかね」

時事通信によると、ここにきて菅官房長官周辺で不祥事が続いた。令和元年九月の内閣改造で菅が入閣を後押ししたとされる菅原一秀前経済産業大臣と河井克行前法務大臣が一カ月半程度で相次ぎ辞任。総理補佐官でありながら菅の五月の訪米に同行した「右腕」の和泉洋人も、女性問題で批判を受けた。

桜を見る会の問題では、菅の政権内で会見対応の安定感に定評があった会見での返答に対して、ぶれや説明不足を指摘された。

菅義偉官房長官は、令和二年二月二一日の記者会見で、「ポスト安倍」について問われ重ねて否定した。

「私自身はまったく考えていない。（周囲の評価も）まったく気にしていない」

しかし、飯島勲内閣官房参与は、令和二年二四日の「ＢＳニュース」の『安倍の〝今〟と〝引き際〟「ポスト安倍」と日本政治』ではっきり語った。

「ポスト安倍は、岸田と菅の二人で競うことになるだろうが、私が出したいのは菅さんです」

周囲はなにかと騒がしいが、菅は、先の先を見据え着々と手を打っていると言えよう……。

おわりに

この作品の執筆にあたり、新たに菅義偉官房長官、二階俊博自民党幹事長、古賀誠元自民党幹事長、菅官房長官と親交のある証券アナリストにインタビューにご協力いただきました。お忙しいなか、感謝いたします。本文中の肩書きは、その当時のもの、敬称は略させていただきました。

なお、拙著の『内閣官房長官秘録』（イースト・プレス）、『安倍官邸「権力」の正体』（ＫＡＤＯＫＡＷＡ）、『ふたりの怪物　二階俊博と菅義偉』（エムディエヌコーポレーション）の一部を加筆の上、再編集しました。

また、『政治家の覚悟』（菅義偉著・文藝春秋）、「週刊朝日」（平成二九年二月一七日号）、月刊「Ｈａｎａｄａ」（令和元年六月号）、月刊「文藝春秋」（令和元年五月号、令和二年三月号、令和二年四月号）、朝日新聞、産経新聞、日本経済新聞、毎日新聞、読売新聞の各紙を参考にいたしました。

今回、この作品の上梓に協力してくださった株式会社エムディエヌコーポレーションの木村健一氏に感謝いたします。

二〇二〇年三月一〇日

大下英治

MdN新書
001

内閣官房長官《ないかくかんぼうちょうかん》

2020年4月11日　初版第1刷発行

著　者　大下英治《おおしたえいじ》

発行人　山口康夫

発　行　株式会社エムディエヌコーポレーション
〒101-0051　東京都千代田区神田神保町一丁目105番地
https://books.MdN.co.jp/

発　売　株式会社インプレス
〒101-0051　東京都千代田区神田神保町一丁目105番地

装丁者　前橋隆道

デザイン　千賀由美　進藤航（Tokyo Synergetics）

DTP　メディアタブレット

写真提供　朝日新聞社

印刷・製本　中央精版印刷株式会社

カスタマーセンター
万一、落丁・乱丁などがございましたら、送料小社負担にてお取り替えいたします。
お手数ですが、カスタマーセンターまでご返送ください。

落丁・乱丁本などのご返送先
〒101-0051　東京都千代田区神田神保町一丁目105番地
株式会社エムディエヌコーポレーション　カスタマーセンター　TEL：03-4334-2915

書店・販売店のご注文受付
株式会社インプレス　受注センター　TEL：048-449-8040／FAX：048-449-8041

内容に関するお問い合わせ先
株式会社エムディエヌコーポレーション　カスタマーセンターメール窓口 info@MdN.co.jp
本書の内容に関するご質問は、Eメールのみの受付となります。メールの件名は
「内閣官房長官　質問係」としてください。電話やFAX、郵便でのご質問にはお答えできません。

Senior Editor 木村健一

ISBN978-4-295-20000-0　C0231